kosmos

# Hundebibliothek

| | |
|---|---|
| *Bechtold* | Ausbildung zum Schutzhund |
| *Beuttler* | Das Buch vom Yorkie |
| *Beuttler* | Der Yorkshireterrier |
| *Daub* | Basset und Beagle |
| *Feddersen-Petersen* | Hundepsychologie |
| *Fleig* | Der Bull Terrier |
| *Frankling* | Der Dalmatiner |
| *Heger* | Hundehaltung |
| *Hoffmann* | Der Eurasier |
| *Jens/Kindt* | Der Chow-Chow |
| *Kamphausen* | Der Dackel |
| *Klein* | Der Dobermann |
| *Kolbe* | Der Airedale-Terrier |
| *Kolbe* | West Highland White- und Cairn Terrier |
| *Kolbe/Braun* | Nordische Hunde, Schlittenhunde |
| *Krämer/Lenz* | Das Buch vom Deutschen Schäferhund |
| *Kürschner* | Die Retriever |
| *Middelhaufe* | Das Buch vom Cocker |
| *Nelissen-Haken* | Ein Dackel namens Fidibus |
| *Nouč* | Peking-Palasthund und Shih Tzu |
| *Novotny/Najman* | Der Kosmos-Hundeführer |
| *Obermark* | Der Hovawart |
| *Ochsenbein* | Der Rottweiler |
| *Piech* | Der Boxer |
| *Räber* | Schweizer Sennenhunde |
| *Räber* | Der Bernhardiner |
| *Rakow* | Der homöopathische Hundedoktor |
| *Schindler* | Der Leonberger Hund |
| *Schmidt* | Deutsche Spitze |
| *Schmidt-Duisberg* | Das Buch vom Dackel |
| *Schnabel* | Unser Hund wird gut erzogen |
| *Schneider* | Hundekrankheiten |
| *Schritt* | Windhunde |
| *Schwoyer* | Ausbildung und Haltung des Jagdhundes |
| *Schwoyer* | Setter und Pointer |
| *Schwoyer* | Vom Junghund zum Jagdhund |
| *Teubert* | Ungarische Hirtenhunde |
| *Vogeler* | Collie und Sheltie |
| *Wirtz* | Der Pudel |
| *Wirtz* | Welpenaufzucht |

# Unsere Heimtiere

| | |
|---|---|
| *Mai* | Unser Pudel |
| *Middelhaufe* | Unser Hund |
| *Middelhaufe* | Unser Cocker |

kosmos *Hundebibliothek*

*Dr. Kurt Schmidt-Duisberg*

# Das Buch vom Dackel

*Alles über Herkunft, Rassekennzeichen, Wesensmerkmale, Erziehung, Haltung, Pflege und Aufzucht des Dackels*

*Kosmos*
*Gesellschaft der Naturfreunde*
*Franckh'sche Verlagshandlung*
*Stuttgart*

Mit insgesamt 20 Farbfotos von H. Brozio (3), H. Goersch (1), R. Hinz (1), IFA-Bilderteam/Kronmüller (1), Ingeborg's Animals/ Ritter (1), E.-M. Krämer-Vogeler (3), M. Leipersberger (2), A. Schatter (4), K. Schmidt-Duisberg (3), S. A. Thompson (1) + 1 farbiger Impfpaß, 4 Schwarzweißfotos von R. Thiel (2) und K. Schmidt-Duisberg (2), 14 Schwarzweißabbildungen sowie 6 Schwarzweißzeichnungen im Text von B. Conrad (4) und E. Hohrath (2)

Umschlaggestaltung von Kaselow Design, München, unter Verwendung eines Fotos von Eva-Maria Krämer-Vogeler

CIP-Titelaufnahme
der Deutschen Bibliothek

**Schmidt-Duisberg, Kurt:**
Das Buch vom Dackel : alles über Herkunft, Rassekennzeichen, Wesensmerkmale, Erziehung, Haltung, Pflege u. Aufzucht d. Dackels /
Kurt Schmidt-Duisberg. – Stuttgart : Franckh, 1988
(Kosmos-Hundebibliothek)
ISBN 3-440-05889-1

Franckh'sche Verlagshandlung,
W. Keller & Co., Stuttgart/1988

L 14lb Hrr / ISBN 3-440-05889-1
Satz: G. Müller, Heilbronn
Herstellung: Parzeller, Fulda

# Das Buch vom Dackel

# *Entstehung des Rassehundes Dackel*

Wenn unser Blick auf diese kleinen, liebenswerten Hunde fällt, die mit ihrem drolligen Wesen schon so manchen begeistert haben, so stellt sich unweigerlich die Frage nach der Entstehung dieser Rasse, für deren Beantwortung man bis in die vorkynologische Zeit zurückgehen muß.

Wie alle anderen Hunderassen hat auch der Dackel den Wolf zum Ahnherrn. Die Entwicklung von dem Urvater Wolf bis hin zu den verschiedenen existierenden Hunderassen war ein jahrtausendelanger Prozeß, dem die Domestikation des Wolfes zugrunde lag. War der ursprüngliche Grund der Haustierwerdung in der bequemeren Gewinnung von Fleischnahrung begründet, so erkannte der Mensch bald weiteren Nutzen. Sowohl der Jagdtrieb als auch der angewölfte Wachtrieb des wilden Hundes boten dem Menschen große Vorteile. Nach und nach ordnete sich der Wildhund seinem neuen Rudelführer, dem Homo sapiens, unter. Natürlich spielte hierbei auch die Fütterung der wilden Hunde durch den Menschen eine wesentliche Rolle. Die Regelmäßigkeit der Futterdarreichung, das Darbieten eines geschützten Lagers und die ersten liebevollen Annäherungen ließen eine Beziehung entstehen, in der der Hund nicht nur der Hüter und Wächter des Menschen, sondern auch dessen bester Freund wurde. Aber auch als Jagdgefährte mußte der Hund seinem Herrn treu zur Seite stehen. Aus diesem Grund wurden Hunde zur Hetze oder zum Aufstöbern des Wildes, das viele Jahrhunderte die Hauptnahrung des Menschen darstellte, gezüchtet und ausgebildet. Anfangs handelte es sich dabei um Stöberhunde, aus deren Mitte sich mit der Zeit jagende Hunde mit guter Nase und ausgeprägter Jagdpassion herauskristallisierten. Man gab diesen niederläufigen Jagdhunden, die mit ihrem Herrn, dem Jäger, das Dikkicht zu den Fanggruben durchstreiften und durch*brachen,* den Rassenamen Bracke.

Die Bracken sieht man als die Ahnherren aller Hunde mit Hängeohren an. Da zu dieser Zeit nur stehohrige Hunde das Prädikat »edel« erhielten, während die hängeohrigen als minderwertig angesehen wurden, war eine planmäßige Züchtung dieser Hunde nur gegen Widerstände möglich. Letztendlich setzten sich aber deren hervorragende jagdliche Eigenschaften durch. Sowohl der Spürsinn als auch die Stöberfreude dieser Hunde und nicht zuletzt deren Fähigkeit, auch im Dickicht besser und schneller die Wildspur verfolgen zu können, führten zwangsläufig zu einem größeren Interesse an jenen Jagdhelfern. Als man herausfand, daß diese Bracken auch eine ausgesprochene Raubzeugschärfe besaßen, züchtete man aus ihnen eine besonders niederläufige und leichte Art, den Dachshund, der in die engen Röhren der Dachs- und Fuchsbaue einschliefen konnte, um unter der

*Abb. 1 Tachs Kriecher und Tachs Krieger wurden die ersten niederläufigen Dachshunde genannt, die für die Jagd auf Dachse und Füchse gezüchtet wurden.*

Erde dem Raubzeug den Kampf anzusagen. Diese Dachshunde erhielten die unterschiedlichsten Namen: Man nannte sie Tachs-Kriecher, Tachskrieger; auch Tachs-Schlieffer und Tachs-Würger. In Norddeutschland sprach man vom Teckel, und im süddeutschen Raum war der Name Dackel, eine Zusammenfassung von Teckel und Dachshund, gebräuchlich. Teckel, Dachshund und Dackel: drei Namen für eine Hunderasse!

Ursprünglich ist der Dackel demnach ein Jagdhund. Er ist aus der Vielzahl der für diesen Gebrauchszweck gezüchteten Hunde entstanden. Betrachtet man die Zeichnungen von den ursprünglichen Erdhunden, so hat das Erscheinungsbild dieser Hunde mit den heutigen, seit etwas über einhundert Jahren rein gezüchteten Dackeln, wenig gemein. Hierfür liefert das Bild aus »La Vénerie du Jacques du Fouilloux« aus dem Jahre 1561, das Dachshunde bei der Arbeit zeigt, den besten Beweis.

Und doch waren es Maler, wie Beckmann u. a., die, indem sie Dackel so darstellten, wie sie sie gerne sehen würden, den Standard mit prägten: Ihre Bilder wurden zur Grundlage für die später geforderten Rassekennzeichen.

Erwähnung fand der Dachshund vor allem in der Jagdliteratur, wo man vielfältige Beschreibungen dieser Hunde findet, die ebenfalls den Standard mit beeinflußten. So schreibt *F. Jester* in

*Abb. 2 Dachshunde bei der Arbeit. Aus: »La Vénerie du Jacques du Fouilloux« (1561).*

dem Buch »Der Dachshund« von *Emil Ilgner* 1797 zum Wesen des Dackels: »Der Dachshund ist unter allen zur Jagd bestimmten Hunden seinem Körperbau nach der kleinste und schwächste, und doch übertrifft er sie alle an Herzhaftigkeit. Er sucht sich seinen, ihm an Mut gleichkommenden, an Kräften aber im Grunde weit überlegenen Feind tief unter der Erde auf, bekriegt ihn hier auf eigenem Grund und Boden, kämpft mit ihm stunden-, ja tagelang, scheut weder Wunden- noch Lebensgefahr und läßt selten eher nach, bis er entweder seinen Gegner durch anhaltende Tapferkeit zur Flucht genötigt und wohl gar aus seiner Wohnung vertrieben hat, oder sein Herr ihm durch langsames und beschwerliches Nachgraben zu Hilfe zu kommen imstande ist …« (S. 6 f.). Aber auch die äußere Erscheinungsform wird dort erwähnt: Dackel »… haben kurze, niedrige Beine, eingebogene Knie und eine spitze Schnauze. Die schwarzen sind, wie die Jagdhunde von dieser Farbe, größtenteils braun gebrannt, auch wohl mit weißen Abzeichen an der Brust und Kehle. Einige haben dicke, geringelte, andere dicke, breite, gerade abhängende, sogenannte Otterschwänze. Man pflegt dies letztere als ein Zeichen guter Rasse anzusehen. Die gefleckten, ungleichen, die stockhaarigen Dachshunde sind seltener als die schwarzen und braunen. Das Vorzüglichste, worauf man beim Körperbau des Dachshundes zu sehen hat, ist, daß er, um durch alle Röhren des Baues kommen zu können, von niedriger, schmaler Statur, jedoch nicht schwächlich, sondern gut genervt und von starkem Knochenbau sei …«

*Abb. 3* Der Dachshund

hat eine feine Spürnase und sehr feines Gehör, aber die unangenehme Eigenschaft, auf der Jagd nicht auf seinen Herrn zu achten und das verjagte Wild anzuschneiden; seines niedern Baues und seiner niedern Beine wegen wird er zum Heraustreiben unterirdisch wohnender Thiere (Dachs, Fuchs u. s. w.) benützt.

In der Literatur wird der langhaarige Dachshund erstmalig um 1820 erwähnt. Den bis dahin am häufigsten vertretenen Kurzhaardackel beschreibt Professor *Wilhelm Zipperlen* in seinem 1869 erschienenen Buch »Der illustrierte Hausthierarzt« mit nicht ganz so freundlichen Worten (s. Abb. 3); welcher Betrachter wundert sich da noch über den »grimmigen« Blick des dargestellten Dackels?!

Im Jahre 1888 wurde der Deutsche Teckelclub (D.T.K.) gegründet und im darauffolgenden Jahr das erste Teckelstammbuch von dem bedeutenden Kynologen *Ernst von Otto* herausgebracht. In diesem Buch wurden zum ersten Mal die Richtlinien für die

Dackelzucht veröffentlicht, so daß es zu einem wichtigen und wegweisenden Nachschlagewerk für alle Züchter wurde. Doch schon vorher, um 1880, fanden die ersten Ausstellungen für Hunde aller Rassen statt, auf denen dann wiederum die schönsten Tiere mit all ihren körperlichen Vorzügen zur Prägung des Standards beitrugen. Aber erst durch die endgültige Festlegung eines Standards für die einzelnen Rassen konnte eine Beurteilung der Hunde nach eindeutigen Kriterien erfolgen.

# *Die Entwicklung der verschiedenen Haararten und Größenvarietäten*

Teckel, Dachshund und Dackel: wie schon zuvor erwähnt, stehen alle drei Namen für ein und dieselbe Rasse.

Doch wenn Sie der stolze Besitzer eines solchen Hundes sind, so wissen Sie genau, daß die Aussage »Ich besitze einen Dackel« bei Ihrem Gegenüber so lange Verwirrung stiften kann, bis Sie geklärt haben, ob es sich dabei um einen Kurzhaar-, Rauhhaar- oder einen Langhaardackel handelt.

Man unterscheidet demnach die Rasse »Dackel« in drei verschiedene Haararten. Diese verdanken ihre Entstehung der Einkreuzung von anderen niederläufigen Hunden, die – je nach Zuchtziel – wegen ihrer besonderen Haarstruktur oder ihrer Jagdgebrauchsfähigkeit dafür ausgesucht wurden.

## *Der kurzhaarige Dackel*

Der Kurzhaardackel mit seinem schwarzroten Haarkleid ist die Ursprungsform dieser Rasse.

Die Existenz der rein rot gefärbten Kurzhaardackel ist Wilhelm von Daake zu verdanken, einem Förster aus dem Harz. Seinem Erfolg als der größte Teckelzüchter aller Zeiten ging eigentlich ein recht trauriges Ereignis voraus, das dem Leser hier nicht vorenthalten werden soll:

Eines Nachts kam einer der Jagdgehilfen des Försters von Daake, der auf seinem Reviergang von einem Stöberhund begleitet worden war, nicht mehr nach Hause zurück. Man wußte nicht, wo man mit der Suche beginnen sollte, bis plötzlich der Stöberhund, der übrigens dem Dackel bzw. der Dachsbracke recht ähnlich sah, auf dem Hof auftauchte und winselnd zwischen Hof und Tor hin- und herlief. Der Hund hatte auf der Spur nach Hause gefunden. Mit seiner Hilfe verlief die nun einsetzende Suche erfolgreich, doch leider kam für den Jagdgehilfen, der beim Stellen eines Wilderers von diesem schwer verletzt worden war, jede Hilfe zu spät.

Nun, es soll dem Leser auch nicht vorenthalten werden, daß der Wilderer gefaßt und bestraft werden konnte; der Hund jedoch war der Held des Tages! Man beschloß, mit diesem Dachshund eine Zucht zu betreiben, und da dieser treue und tapfere Hund von roter Farbe war, wollte man natürlich auch diese Rotfärbung beibehalten.

Durch erste Zuchtversuche fand von Daake sehr schnell heraus, daß die Einfarbigkeit und die Haarfarben Rot bis

*Abb. 4 Profilstudie von zwei kurzhaarigen Dackeln. (Zeichnung: Conrad)*

hin zum Gelbrot gewisse Dominanzen in der Vererbung in sich bargen. Er suchte für die Zucht die Hündin einer bestimmten Brackenart aus. Besitzer dieses Hundes war Oberförster Müller aus Andreasberg, ein Mitbegründer der Hannoverschen Schweißhunde, die als sogenannte Haidbracke gezüchtet wurden. Diese Haidbracke war von leuchtend roter Farbe und sehr tief gestellt, das heißt, der Bodenabstand war geringer als bei Bracken aus anderen Zuchtgebieten. Durch die Kreuzung dieser Hündin – der dann später noch andere folgten – mit dem raubzeugscharfen Stöberhund schuf von Daake gewissermaßen den roten Kurzhaar aus den schwarzroten und gestromten Stämmen in Reinzucht. Auch die nachfolgenden Generationen aus dem Hause von Daake widmeten sich der Zucht von roten Kurzhaardackeln. Nach mehr als 120 Jahren Zuchterfahrung wurde auch von Daakes weiteres Zuchtziel, die für die Bodenjagd prädestinierten kleinen Hunde in ihrer Körpergröße noch kleiner werden zu lassen, von seinen Nachfahren beherzigt und züchterisch verwirklicht. Die aus dem von Daakeschen Stamm hervorgegangenen Zwergdackel wurden in viele Länder Europas und in die USA exportiert. Dort wurden sie zu Stammeltern manch einer Dachshundzucht.

Selbstverständlich versuchten auch andere Zuchtexperten ihr Glück. Auf diese Weise entstanden durch Kreuzungen mit andersfarbigen Hunden die unterschiedlichsten Farbschläge. Es gibt neben den roten und schwarzroten kurzhaarigen Teckeln auch solche, die weiß, braun oder gestromt und sogar solche, die mehrfarbig sind, sogenannte Tigerdackel, die die Vielfalt der Farben erweitern.

## *Der rauhhaarige Dackel*

Die Einkreuzung des in England sehr beliebten und auch für die Bodenjagd sehr geschätzten Dandie Dinmont Terriers mit Kurzhaarteckeln hat den Rauhhaardackel hervorgebracht. Eine wichtige Rolle spielte dabei die Dominanz bestimmter Merkmale im Erbgang. Dazu ist es wichtig zu wissen, daß Rauhhaar – und das hat der Terrier aus England in hohem Grade – dominant über Kurz- oder Langhaar steht. Rauhhaar ist demnach also vorherrschend im Vererbungsgang gegenüber Lang- und Kurzhaar, die mit einem rezessiven Merkmal behaftet sind, welches unterliegt oder verdeckt wird, jedoch nicht ganz ausgeschaltet werden kann. Aus diesem Grund gibt es heute noch Teckel, die mit mehr oder mit weniger ausgeprägtem Schopfhaar erscheinen.

Aber nicht nur der Dandie Dinmont hat durch Einkreuzung mit den Kurzhaarigen zur Entstehung des Rauhhaardackels beigetragen, sondern auch der Sky- und der Yorkshireterrier, die mit Pferdetransporten nach Europa gelangten und in einigen Zuchten Eingang

*Abb. 5 Rauhhaardackel. Aus dem Jahre 1812 existiert folgende Beschreibung über den ›rauhhaarigen Dächsel‹: »Sie fangen mit jedem Hund Händel an, auch wenn er noch so groß ist.« (Zeichnung: Conrad)*

gefunden haben. Da diese beiden Rassen, wie auch der Dandie Dinmont, überwiegend weiches Haar haben, liegt es nahe, weitere Rassen mit harschem Haar als Mitbegründer des Rauhhaardackels zu vermuten. Auf den Bildern der Tiermaler kann man den rauhhaarigen Dachshund betrachten, so wie er in den Jahren um die Jahrhundertwende ausgesehen hat. Diese Hunde wiesen häufig einen etwas zu kurz geratenen Oberarm auf, was eine gewisse Steilstellung der Vorderhand zur Folge hatte. Dieses Merkmal stammte vom Terrier, und noch heute begegnet man hin und wieder solchen Dackeltypen auf Hundeausstellungen.

Zur weiteren Entwicklung der Rauhhaardackel haben besonders im süddeutschen Raum die Schnauzer beigetragen. Mit diesen brachte man die Raubzeugschärfe, aber auch eine Steilstellung sowohl der Vorder- als auch der Hinterhand in die verschiedenen Blutlinien hinein.

Aufgrund der Vielfalt der Ahnen ist es durchaus einsichtig, daß der Rauhhaardackel zunächst keine einheitliche Erscheinungsform aufwies. Erst später, als man wieder den Einkreuzungen mit dem Kurzhaardackel den Vorzug gab, entwickelte sich der lang ersehnte Rauhhaartyp, der auf Distanz gesehen einem Kurzhaar zum Verwechseln ähnlich sieht, der aber im Gegensatz zu diesem eine drahtige Jacke mit wärmendem Unterhaar hat. Der Bart, die buschigen Augenbrauen und die stärkere Behaarung an den Läufen sind untrügliche Merkmale der Rauhhaarigen. Durch die konstante Kreuzung mit den Kurzhaarigen wurde auch ein Teil des Haarproblems der rauhhaarigen Dachshunde gelöst. Man hatte am Anfang gehofft, durch die Kreuzung mit Englischen Terriern würde der Dachshund ein wetterfestes Haarkleid erhalten, was sich jedoch als Irrtum herausstellte. Das Haarkleid der Terrier war so weich, daß sich beim Rauhhaardackel sogar die bekannte lockige Schopfbildung einstellte. Dieses weiche Haar war jedoch aufgrund seiner Schmutz- und Wasseranfälligkeit unerwünscht. Erst das »Hinzufügen« der Kurzhaarigkeit konnte diese unerfreulichen Folgeerscheinungen durch die Terrier ausmerzen.

Heute wird der Haarentwicklung eine besonders kritische Beobachtung zuteil. Dackel mit zu weichem Haar werden nicht mehr zur Zucht zugelassen. Die Notwendigkeit dieser strengen Zuchtbestimmungen erklärt sich aufgrund der Tatsache, daß der Rauhhaardackel unter den Dachshunden heute am stärksten vertreten ist; bei rund $^2/_3$ aller Welpeneintragungen handelt es sich um Rauhhaardackel.

## *Der langhaarige Dackel*

Der Langhaardackel war die beliebteste Dackelart in den Nachkriegsjahren. Erst in den 70er Jahren wurde sie im Beliebtheitsgrad vom Rauhhaar überflügelt.

Der Langhaar ist wohl der erste und damit der älteste Abkömmling der Ursprungsform des Dackels. Er entstammt der Einkreuzung von Wachtelhunden in den damaligen Tachs Kriecher, einem kurz- oder stockhaarigen Teckel.

*R. Klotz* hat der Entstehung dieser Haarvariation ein besonderes Augenmerk gewidmet und ist dem Langhaarstamm mit Spürsinn nachgegangen. Er benannte zwei Zuchtlinien, die Wöpkesche Rasse und die Ranggersche Rasse.

Die Wöpkeschen Langhaardackel wurden nach August Wilhelm Leopold Wöpke, einem Förster, der 1809 starb, benannt. Bis zu diesem Zeitpunkt züchtete Wöpke Langhaardackel in Reinzucht. Dazu muß erwähnt werden, daß diese Rasse schon in früher Zeit (1660–1730) in Anhalt-Dessau systematisch von einem unbekannten Forstbeamten gezüchtet worden war, da sich diese Hunde wegen ihrer besonders ausgeprägten Jagdpassion und Leinenführigkeit als äußerst brauchbare Jagdhunde bewährt hatten. Ihr Aussehen war mit Sicherheit nicht so edel und elegant wie das der heutigen Langhaarteckel. Ihr Haar war gewellt und gekräuselt, der Körperbau stärker und ihr Bodenabstand größer. Die Auflösung des Anhaltischen Jägerhofes führte in den 70er Jahren des achtzehnten Jahrhunderts dazu, daß dieser Dachshundschlag erlosch. Einige wenige Exemplare blieben in Franken, Bayern und Thüringen in Förster- oder Jägerhand. Sie wurden die Stammeltern weiterer Langhaardackel, und mit der Zeit wurde der Körper dieser Hunde leichter und ihr Äußeres schöner.

Große Beliebtheit erreichten die schwarzroten Langhaardackel in den Jägerkreisen Maximilians I. (um 1800), wie aus den Akten dieser Zeit ersichtlich wird. Ihr »Zuchtvater«, der Forstwart Josef Rangger, schuf mit seiner auch für die heutige Langhaarzucht noch sehr bedeutenden Blutlinie eine Veränderung der Fellstruktur und eine neue Kopfform. Die Behaarung wurde schlichter, die Kopfform, die eine Einkreuzung des Spaniels vermuten läßt, schöner. »Waldi vom Kaiserhaus« heißt die Dackeldame, die, aus einem Wurf von 1869 und von kurzhaarigen Eltern abstammend, als die Stammutter der heutigen langhaarigen Dackel angesehen wird.

Erst mit Beginn dieses Jahrhunderts wurde ein Zuchtregister für Langhaardackel geschaffen. Das Zuchtinteresse und die Experimentierfreudigkeit einzelner Züchter stieg in dem Maße an, daß zeitweise Dackelwelpen auf die Welt kamen, die es später auf ein Gewicht von 15 Kilogramm brachten. Die Schaffung eines neuen Schlages stieß aber auf wenig Gegenliebe, und so bemühte man sich, wieder in die unteren Gewichtsgrenzen – bis neun Kilogramm – zu züchten. Um 1910 sah man dann auf Ausstellungen nun auch erstmalig rote Langhaardackel, die in den folgenden Jahren immer zahlreicher wurden. Vielleicht war es ein Modetrend, daß die eleganten Langhaarigen einen solchen Aufstieg zu verzeichnen hatten. Auch die Möglichkeit, mit diesen schönen Hunden Ausstellungserfolge erzielen zu können, trug bestimmt zu dem Aufschwung der Langhaarzucht bei. Aber eines ist sicher: Unter ihnen gab und gibt es hervorragende Jagdhunde – sowohl über als auch unter der Erde. Langhaardackel stehen auch heute noch bezüglich ihrer jagdlichen Passion und Eignung ihren Rassegenossen, den Kurz- und Rauhhaarigen, in nichts nach.

*Abb. 6 Wesentliche Merkmale der Allgemeinerscheinung typischer Teckel (gleichbedeutend für alle drei Arten und Größenvarietäten).*

## Normalschlag

**Kurzhaar**

Behaarung: kurz, dicht glänzend, glatt anliegend, nirgends unbehaarte Stellen zeigend

Allgemeinerscheinung:

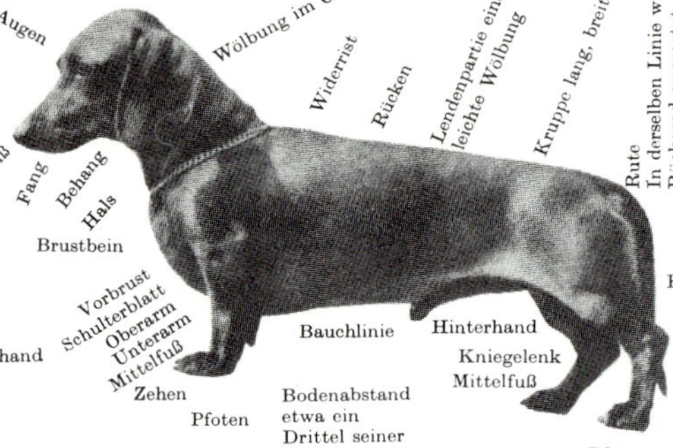


**Rauhhaar**

Allgemeine Erscheinung: die des kurzhaarigen Teckels

Behaarung:

**Langhaar**

Unterscheidendes Merkmal gegen den kurzhaarigen Dachshund ist allein die längere Behaarung

## Kleinteckel

Das sind Zwerg- und Kaninchenteckel in Kurzhaar, Rauhhaar und Langhaar, die in allen Teilen und Eigenschaften ihren großen Vettern des Normalschlages wohlproportioniert gleichen sollen.

**Zwergteckel**

Brustumfang bis 35 cm im vollendeten Alter von 15 Monaten.

**Kaninchenteckel**

Brustumfang bis 30 cm im vollendeten Alter von 15 Monaten.

### *Die Zwerg- und Kaninchenteckel*

Die Zwerg- und Kaninchenteckel, heute züchterisch unter dem Begriff Kleintekkel zusammengefaßt, verdanken ihre Entstehung dem Züchterwunsch, einen für die Bodenjagd auf Kaninchen bestimmten Dackel zu schaffen. Sie sollten das Frettchen, das bislang hauptsächlich für diese Art der Jagd verwendet wurde, ersetzen. Kreuzungen zwischen Dackeln und Pinschern, die eine besondere Raubzeugschärfe hatten, brachten zwar brauchbare Kleinsthunde hervor, die aber wenig mit dem erwünschten Teckeltyp gemein hatten. Ihr Bodenabstand war sehr hoch, und ihre Köpfe waren lange Zeit zu sehr pinschertypisch gewesen. Man kehrte zur Teckelreinzucht zurück, und wir verdanken es dem Revierförster Kroepelin, daß er sich diesen züchterischen Problemen annahm und entsprechende Wege beschritt, die zu der heutigen, teckeltypischen, kleineren Ausgabe der Dachshunde führten. Es war und bleibt das Ziel, einen Kleinteckel zu züchten, der besonders schnell und mit viel Schneid dem Fuchs auch durch die engsten Röhren folgen kann. Die kleinste Ausgabe dieser Teckelart, mit einem Brustumfang bis zu 30 Zentimetern (bei einem Gewicht von ca. 3,5 Kilogramm), sollte der Spezialist für die noch engeren Röhren des Wildkaninchenbaus sein.

Die Zucht der Kleinteckel hat sich, das muß man eingestehen, als schwierig herausgestellt. Da die Anzahl der Welpen in einem Wurf sehr niedrig ist und sich damit das Zuchtpotential nicht sprunghaft vergrößern läßt, würde, wenn hier ein Trend zum Modehund einsetzen würde, die jagdliche Qualität dieser kleinen Hunde sicher in Mitleidenschaft gezogen werden. Es bleibt zu hoffen, daß die erfolgreichen Kleinteckelzüchter ihre Linie nicht verlassen werden, so daß auch weiterhin eine geringere Anzahl von Dackeln im Kleinstformat gezüchtet wird, die dafür aber dem Wunsch von v. Daake entsprechen. Sein Wahlspruch lautete: »Der Dackel ist als Jagdhund zu züchten für die Jagd über und unter der Erde« (aus: Engelmann, F., S. 21).

# *Der Rassestandard des Dachshundes*

Im Jahre 1879 wurden erstmalig die Rassezeichen für den Dachshund festgelegt. Diese Rassezeichen beziehen sich auf das Erscheinungsbild der betreffenden Haarart und der jeweiligen Größenvarietät. Dabei werden sowohl die vorteilhaften Merkmale der Hunde herausgestellt als auch die negativen bzw. fehlerhaften Merkmale aufgezeigt.

Da in früheren Zeiten die Zweckmäßigkeit der Dackel, z. B. Raubzeug zu stellen, im Vordergrund stand, wurde der äußeren Form der Hunde kaum eine Bedeutung beigemessen. Heutzutage hat man genaue Vorstellungen, wie das Erscheinungsbild dieser Rassehunde sein soll. Die genaue Beschreibung des als Idealtyp erachteten Dachshundes findet man im Rassestandard (s. Abb. 7).

Nachdem es im Laufe der Jahre immer wieder Ergänzungen und Änderungen der Rassekennzeichen gab, entsprechen die im folgenden Teil aufgeführten Kennzeichen den bei der FCI (Fédération Cynologique Internationale) hinterlegten Normen für Vorzüge und Fehler der Dachshundrasse:

## Körperformen

*Allgemeinerscheinung*

Niedrige, kurzläufige, langgestreckte, aber stramme Gestalt, mit derber Muskulatur; mit keck herausfordernder Haltung des Kopfes und klugem Gesichtsausdruck. Trotz der, im Verhältnis zum langen Körper, kurzen Gliedmaßen weder krüppelhaft, plump oder in der Bewegungsfähigkeit beschränkt noch wieselartig schmächtig erscheinend.

## Kopf

Langgestreckt, von oben und von der Seite gesehen sich gleichmäßig bis zur Nasenspitze verschmälernd, scharf ausgeprägt, trocken. Oberkopf nur flach gewölbt und allmählich ohne Stirnabsatz (je geringer der Absatz, desto typischer) in den fein geformten, leicht gewölbten Nasenrücken verlaufend. Die Augenjochbogen kräftig hervortretend. Nasenknorpel und Nasenkuppe lang und schmal, Lippen straff gespannt, den Unterkiefer gut deckend, weder tief noch rüsselartig spitz, mit leicht angedeutetem Mundwinkel, Nasenlöcher gut offen. Der Fang weit dehnbar, bis hinter die Augen gespalten, mit stark entwickeltem Gebiß und Kiefer. Kräftige, genau ineinandergreifende Eckzähne.

## Gebiß

Im Normalfall besitzt der Hund 42 Zähne (Dauergebiß), und zwar im einzelnen 12 Schneidezähne, 4 Haken- oder Fangzähne und 26 Backenzähne. Die Anzahl der Backenzähne ist manchmal unterschiedlich.

Zur Koordinierung der bisherigen – auch allgemein unterschiedlichen – Bezeichnungen hat der DTK die Übernahme der inzwischen international vereinbarten Gebißbezeichnungen der Nomenklatur der Veterinäranatomie beschlossen.

## Gebißformen

Man unterscheidet beim Hund im wesentlichen vier Gebißformen (s. Abb. 8), wovon zwei als zuchttauglich gelten:

*Zangengebiß*

Schneidekanten beider Schneidezahnreihen stehen genau aufeinander.

*Scherengebiß (Reibegebiß)*

Hier handelt es sich um eine unterschiedliche Winkelstellung der Zähne

*Abb. 7 Die Statik der heutigen Teckels.*

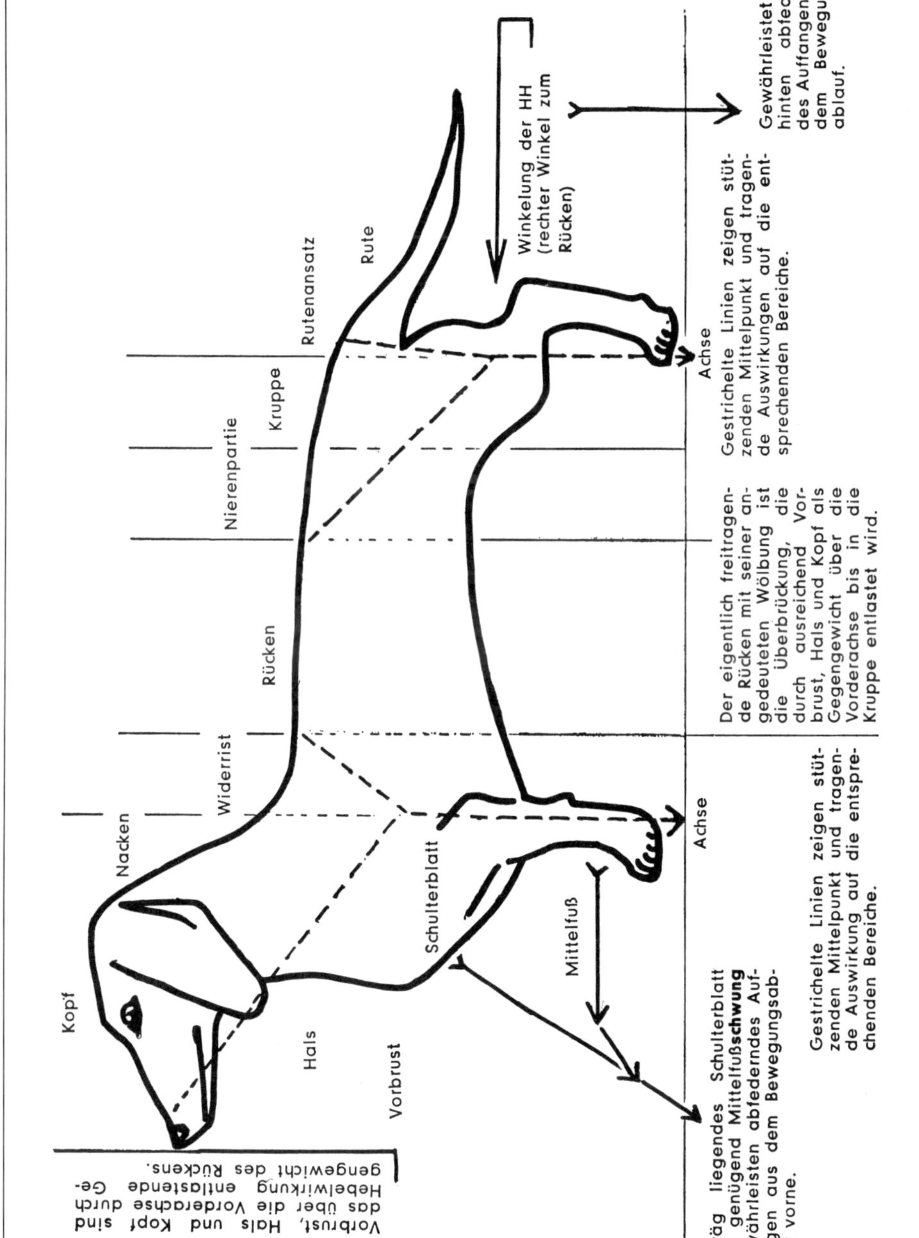

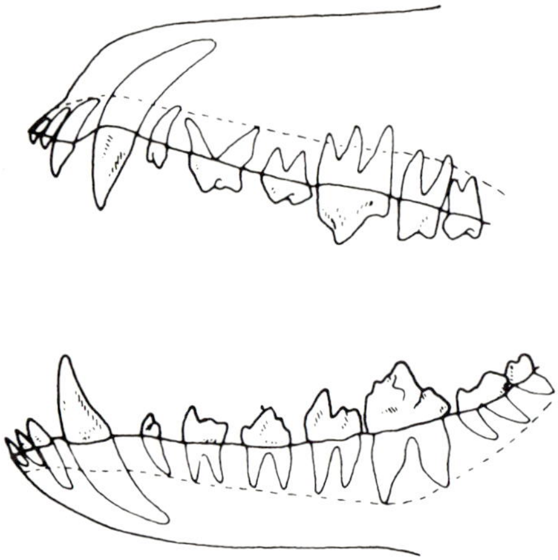

*Abb. 8 Das Gebiß des Hundes.*
*Von links nach rechts: Oberkiefer: 3 Schneidezähne (Incisivi = I 1–3), 1 Eck- oder Fangzahn (Caninus = C), 4 vordere Backenzähne (Prämolaren = P 1–4), 2 hintere Backenzähne (Molaren = M 1–2). Unterkiefer: 3 Schneidezähne (I 1–3), 1 Eck- oder Fangzahn (C), 4 vordere Backenzähne (P 1–4), hintere Backenzähne (M 1–3).*
*(Beide Zeichnungen: Eva Hohrath)*

*Gebißformen.*
*a) Scherengebiß: die Schneidezähne des Oberkiefers greifen dicht über die des Unterkiefers.*
*b) Zangengebiß: die Schneidezähne von Ober- und Unterkiefer stehen aufeinander.*
*c) Vorbiß: zuchtausschließender Fehler, die Schneidezähne des Unterkiefers stehen vor.*
*d) Unterbiß: ebenfalls zuchtausschließender Fehler; die Schneidezähne des Unterkiefers stehen deutlich hinter denen des Oberkiefers zurück (Unterkieferverkürzung).*

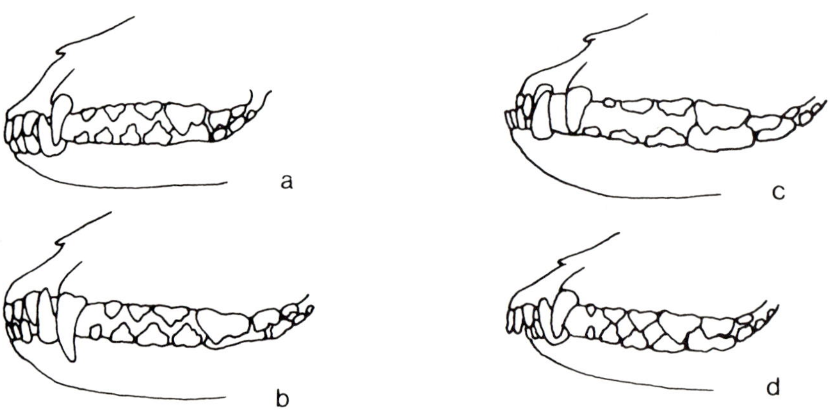

an sich, d. h. die Incisivi (Schneidezähne) des Unterkiefers sollen eine Kleinigkeit hinter denen des Oberkiefers zu stehen kommen; *beide* Zahnreihen müssen miteinander in Reibung stehen.

(Anmerkung des Autors: In der Beurteilung ist das Scherengebiß dem Zangengebiß vorzuziehen.)

**Zur Zuchtuntauglichkeit bei Teckeln führen folgende Gebißformen:**

*Vorbiß* – früher als Unterbeißer bezeichnet.

*Unterbiß* – früher als Überbeißer bezeichnet.

Hier können auch die Canini des Oberkiefers vor denen des Unterkiefers gelagert sein.

*Kreuzbiß* – wird vom Zuchtreglement der FCI als genetisch fehlerhaft erkannt (Stand: Januar 1987).

*Augen*

Mittelgroß, oval, seitwärts liegend, mit klarem, energischem und doch freundlichem Ausdruck, nicht stechend. Die Farbe der Augen leuchtend dunkelrotbraun bis schwarzbraun bei allen Haarfarben der Hunde. Glas-, Fisch- oder Perlaugen bei grauen und gefleckten Hunden sind nicht sehr fehlerhaft, aber auch nicht erwünscht.

*Behang*

Hoch, nicht so weit vorn angesetzt, reichlich, doch nicht zu lang, schön abgerundet, nicht schmal, spitz oder faltig. Beweglich. Mit dem vorderen Saum dicht an der Wange anliegend.

*Hals*

Genügend lang, muskulös, trocken, keine Kehlwamme zeigend, mit leichter Wölbung im Genick, wird frei hoch getragen.

**Vorderhand**

Anstrengender Tätigkeit unter der Erde entsprechend muskulös, gedrungen, tief, lang und breit. Im einzelnen:

a) *Schulterblatt.* Lang und schräg gestellt, fest auf dem voll entwickelten Brustkorb aufliegend, hart und plastisch bemuskelt.

b) *Oberarm.* Von gleicher Länge wie das Schulterblatt, im rechten Winkel mit diesem stehend, starkknochig und straff bemuskelt, an den Rippen anliegend, aber frei beweglich.

c) *Unterarm.* Kurz, möglichst wenig nach innen gebogen, nach vorn und nach außen hart und plastisch bemuskelt. Etwa so lang, daß der Bodenabstand des Hundes etwa ein Drittel seiner Widerristhöhe beträgt.

d) *Vorder-Mittelfußgelenke* stehen einander etwas näher als die Schultergelenke.

e) *Mittelfußknochen,* welche die Fessel bilden, sollen von der Seite gesehen weder steil stehen noch durchgedrückt sein.

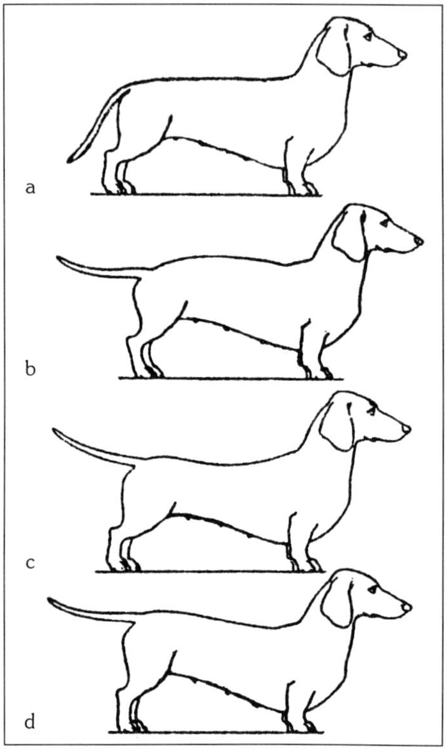


*Abb. 9 Korrekte Rückenform:*
*a) Normal gebauter Dackel*
*Fehlerhafte Rückenformen:*
*b) Gewölbter Rücken (Karpfenrücken)*
*c) Durchhängender Rücken (Senkrücken)*
*d) Ansteigende Rückenlinie durch steil stehende Hinterhand*

f) Pfoten. Geschlossen und gut gewölbt, kräftige Fußballen.

g) Zehen. Je fünf, von denen vier auftreten. Stets dicht zusammengestellt, mit ausgesprochener Wölbung der Zehenglieder; mit starken Nägeln und derben Zehenballen versehen.

**Rumpf**

a) Rücken

Der Rücken soll einen hohen und langen Widerrist haben, im Verlauf der weiteren Brustwirbel gerade verlaufen und in der Lendenpartie eine leichte Wölbung zeigen (s. Abb. 9).

b) Brust

Brustbein derb und so stark vorspringend, daß sich an beiden Seiten Gruben zeigen. Der Brustkorb ist, von vorn gesehen, oval, von oben und von der Seite gesehen großräumig, breiter Lagerung von Herz und Lunge volle Entwicklung gewährend.

Weit nach hinten aufgerippt und allmählich in die Bauchlinie überführend.

Bei richtiger Länge und Winkelung von Schulter und Oberarm verdeckt in Seitenansicht der Vorderlauf den tiefsten Punkt der Brustlinie.

c) Bauch

Mäßig aufgezogen.

**Hinterhand**

a) Kruppe lang, breit, rund, voll bemuskelt.

b) Beckenknochen nicht zu kurz, genügend kräftig entwickelt, mäßig schräg gestellt.

c) Oberschenkel derb, von guter Länge, in rechtem Winkel in die Beckenpfanne eingelenkt.

d) Keulen voll ausgerundet.

e) Kniegelenk breit und kräftig.

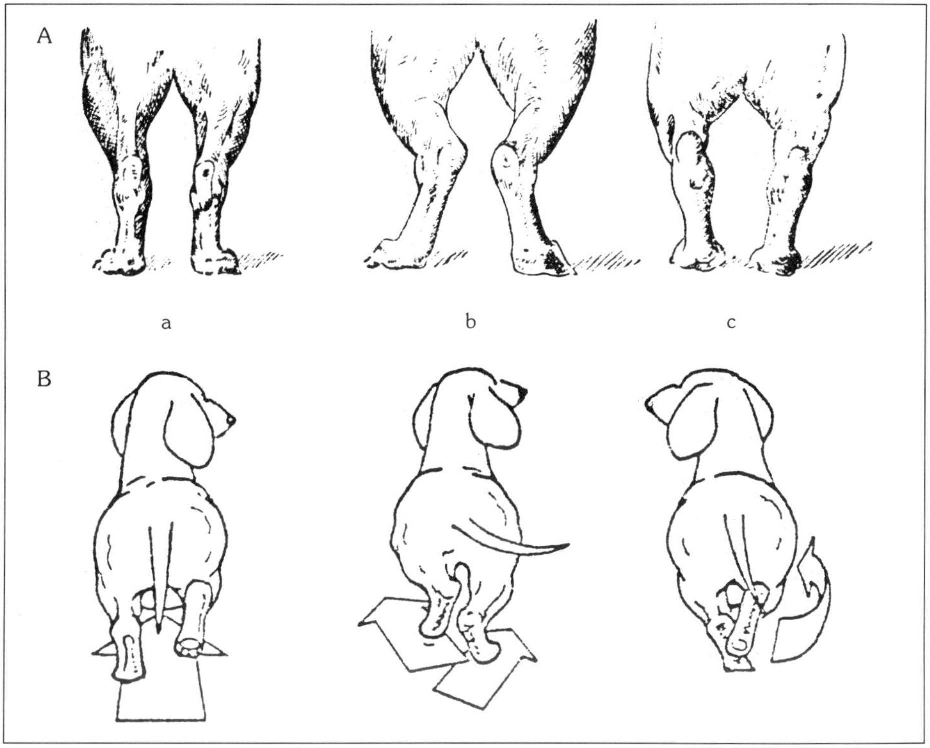


*Abb. 10 Hinterhand des Dackels:*
*a) korrekter Stand*
*b) kuhhessiger Stand*
*c) faßbeiniger Stand*
*Fehlerhafter Stand der Hinterhand (siehe b und c) hat einen gestörten Bewegungsablauf zur Folge, wie der Skizze B zu entnehmen ist. Solche Gliedmaßenfehlstellungen führen in der Bewertung des Dackels zu Formwertminderungen.*

f) Unterschenkel im Verhältnis zu anderen Hunden kurz, im rechten Winkel zum Oberschenkel stehend, stramm bemuskelt.

g) Fußwurzelknochen breit angelegt, mit stark vorspringendem Fersenbein (Hacken).

h) Mittelfuß lang, gegen den Unterschenkel beweglich, leicht nach vorn ausgebogen.

i) Pfoten der Hinterhand. Vier dicht geschlossene und schön gewölbte Zehen, wie die der Vorderpfoten. Der ganze Fuß auch auf den Sohlenballen ruhend, nicht allein auf den Zehen stehend. Kurze Nägel. Die Hinterhand soll von hinten gesehen vollständig gerade sein.

Rute

In derselben Linie wie das Rückgrat angesetzt und verlaufend, ohne Krümmung.

**Sondermerkmale verschiedener Arten des Dachshundes**

Der Teckel wird in drei verschiedenen Haararten gezüchtet, und zwar als
A. Kurzhaariger Dachshund
B. Rauhhaariger Dachshund
C. Langhaariger Dachshund

Alle drei Arten müssen den vorher angeführten Merkmalen in gleicher Weise entsprechen.

Anmerkung:

Jede dieser drei Haararten wird gezüchtet in drei Größenvarietäten, und zwar: Normalgröße sowie Zwergteckel (Brustumfang bis 35 cm), Kaninchenteckel (Brustumfang bis 30 cm). Angaben gelten für das Alter von 15 Monaten.

Zwerg- und Kaninchenteckel sollten schon in ihrer Allgemeinerscheinung auch optisch als Kleinteckel wirken; entsprechend toleriert im Rahmen ihrer Maße für den Brustumfang. Im übrigen sollen sie in allen Teilen und Eigenschaften als wohlproportionierte Kleinteckel ihren großen Vettern gleichen.

Ermittlung des Brustumfanges und damit Bestimmung der Größenvarietät, in welcher der Hund (auch zur Zuchtzulassung) verbleibt, erfolgt nur im Rahmen einer Gesamtbewertung und -benotung auf Schauen durch die Formwert- und Ausstellungsrichter ab vollendeten 15 Lebensmonaten. Ein Nachmessen bei späterer nochmaliger Vorführung oder eine Verweisung in eine andere Größenvarietät erfolgt nicht.

Es gilt für jede der drei Arten im besonderen:

**A. Kurzhaariger Dachshund**

Behaarung

Kurz, dicht glänzend, glatt anliegend, nirgends unbehaarte Stellen zeigend. Besondere Fehler der Behaarung sind: zu feines, dünnes Haar, Lederenden an den Behängen, haarlose Stellen oder allzu grobes, allzu reiches Haar im allgemeinen.

Rute

Fein verlaufend, voll, aber nicht zu reich behaart. Etwas längeres Grannenhaar an der Unterseite gilt als Zeichen starker Behaarungsanlage nicht als falsch. Bürstenrute ist fehlerhaft, ebenso teilweise oder in ganzer Länge fast unbehaarte Rute.

Haarfarbe, Nase und Nägel

*a) einfarbige Teckel:* Rot, rotgelb, gelb, alles mit oder ohne schwarze Stichelung. Indes ist reine Farbe vorzuziehen und rot wertvoller als rotgelb und gelb zu betrachten. Auch stark schwarz gestichelte Hunde gehören hierher und nicht unter die andersfarbigen.

Nase und Nägel schwarz. Rot ist auch zulässig, aber nicht erwünscht.

*b) zweifarbige Teckel:* Tiefschwarz oder braun oder grau oder weiß, je mit rostbraunen oder gelben Abzeichen (Brand) über den Augen, an den Seiten des Fanges und der Unterlippe, am inneren Behangrand, an Vorderbrust, den Innen- und Hinterseiten der Läufe an den Pfoten, um das Weidloch und von da ab bis etwa ein Drittel bis ein Halb der Unterseite der Rute.

Nase und Nägel bei schwarzen Hunden schwarz, bei braunen Hunden braun oder schwarz, bei grauen oder weißen Hunden Nase und Nägel grau, auch wohl fleischfarben, doch ist letzteres nicht erwünscht, bei weißen schwarz bevorzugt. Bei einfarbigen und nicht direkt weißen zweifarbigen Teckeln ist Weiß nicht erwünscht, aber in einzelnen kleinen Flecken nicht gerade disqualifizierend.

*c) gefleckte (getigerte, gestromte) Teckel:* Die Haarfarbe des Tigerteckels ist ein heller, bräunlicher, grauer bis sogar weißer Grund mit dunklen unregelmäßigen Flecken (große Platten nicht erwünscht) von dunkelgrauer, brauner, rotgelber oder schwarzer Farbe. Erwünscht ist, daß weder die helle noch die dunkle Farbe vorherrscht. Die des Gestromten ist rot oder gelb mit dunklerer Stromung.

Nase und Nägel wie bei den Ein- und Zweifarbigen.

*d) andersfarbige Teckel:* Alle vorher nicht erwähnten Farben.

Fehler: Schwarze Farbe ohne Brand, ebenso weiße ohne jeden Brand ist unzulässig. Zu stark verbreiteter Brand ist unerwünscht.

## B. Rauhhaariger Dachshund

Allgemeine Erscheinung, die des kurzhaarigen Teckels.

*Behaarung:*

Mit Ausnahme von Fang, Augenbrauen und Behang am ganzen Körper vollkommen ausgeglichene, mit Unterwolle durchsetzte, anliegende, dichte, drahtige Jacke. Am Fang bildet sich ein Bart. Die Augenbrauen sind buschig. Am Behang ist die Behaarung kürzer als am Körper, fast glatt, jedoch immerhin der übrigen Behaarung angepaßt. Rute derb, aber möglichst anliegend behaart, verjüngt auslaufend, ohne Büschel.

Die Gesamtbehaarung muß so wirken, daß der rauhhaarige Dachshund, aus der Ferne gesehen, einem kurzhaarigen gleicht. Fehlerhaft ist bei der Behaarung weiches Haar überhaupt, ob kurz oder lang oder an irgendeiner Stelle des Körpers, langes, nach allen Richtungen vom Körper abstehendes, gelocktes oder welliges Haar, ferner Fahnenrute.

*Haarfarbe*

Alle Farben sind zulässig. Weiße Abzeichen an der Brust sind erlaubt, aber nicht erwünscht. Im übrigen gilt das gleiche wie bei den Kurzhaarteckeln.

## C. Langhaariger Dachshund

Unterscheidendes Merkmal gegen den kurzhaarigen Dachshund ist allein die längere, seidenartige Behaarung.

Behaarung

Das weiche, schlichte, glänzende Haar verlängert sich unter dem Halse, der ganzen Unterseite des Körpers, namentlich aber am Behang und an der Hinterseite der Läufe zu einer hervorragenden Feder und erreicht seine größte Länge an der Unterseite der Rute. Die Behaarung soll am unteren Rande des Behanges überfallen. Kurze Behaarung an dieser Stelle, sog. Lederende, ist nicht erwünscht.

Zu reiche Behaarung der Pfoten ist unschön und zum Gebrauch untauglich.

Rute

In schöner Verlängerung der Rückenlinie getragen, erreicht an ihr die Behaarung des Körpers die größte Länge und bildet eine vollständige Fahne. Fehlerhaft ist überladene, d.h. am ganzen Körper gleichmäßig lange Behaarung, zu stark gerolltes oder struppiges Haar, das Fehlen der Fahnenrute oder das Überhängen des Haares am Behang, stark gescheiteltes Haar auf dem Rücken, zu lange Behaarung zwischen den Zehen der Pfoten.

*Haarfarbe, Nase und Nägel* genau wie bei den kurzhaarigen Teckeln.

## Allgemeine Fehler

Schwere Fehler

*a) Fehler, die von jeder Formbewertung ausschließen:*

Vorbiß, Unterbiß, Knicken, sehr lose Schultern, sämtliche Rutenfehler, Hodenlosigkeit, Einhodigkeit, abgesetzte Brust.
Hunde mit diesen Fehlern werden als zuchtuntauglich in das Stammbuch eingetragen. Sie erhalten aber trotzdem eine Ahnentafel, auf der der Zuchtuntauglichkeitsvermerk dokumentiert wird.

Anmerkung:
Nach dem Hauptvorstands-Beschluß des DTK vom 8. 5. 1975 in Augsburg sind die Zucht- und Eintragungs-Bestimmungen (zu Ziffer Ic) im Anschluß an den letzten Absatz dahin ergänzt worden, daß Hunde mit angeborenen Seh- und Gehörschäden, mit Kreuzgebiß, Epilepsie, Spaltrachen, Hasenscharte sowie solche mit operativem Eingriff an den Hoden von der Zucht ausscheiden.

*Rutendeformierungen*

Die häufigste Form von Rutendeformierungen dürfte die durch Verwachsungen oder Stellungsanomalien der Wirbel sein.

Die verschiedenen Rutendeformierungen, die zum Zuchtausschluß führen, sind in der Abb. 12 (s. S. 29) dargestellt.

Anmerkung des Autors:
Natürlich gibt es auch Rutenverletzungen, die durch äußere Gewalt

*Abb. 12 (rechts): Rutendeformierungen durch Verwachsungen und Stellungsanomalien, die den Zuchtausschluß bedingen:*
*a) Röntgenaufnahme einer Knickrute*
*b) Spangenbildung*
*c) Stummelrute*

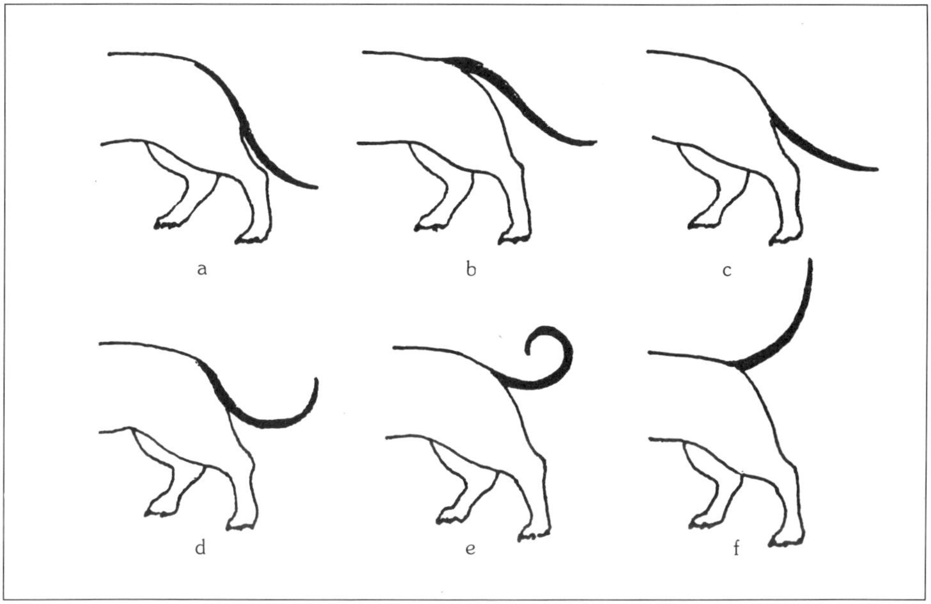


*Abb. 11 Die Rute beim Dackel:*

*a) korrekte Rutenform und Rutenstellung*
*b) Rute zu hoch angesetzt*
*c) Rute zu tief angesetzt*
*d) Sichelrute*
*e) Posthornrute*
} *Führt nicht zum Zuchtausschluß, aber zu einer Minderung der Formwertnote.*

*f) Hoch getragene Rute; Ausdruck freudiger Erregung (meist bei jungen Hunden); keine Formwertminderung.*

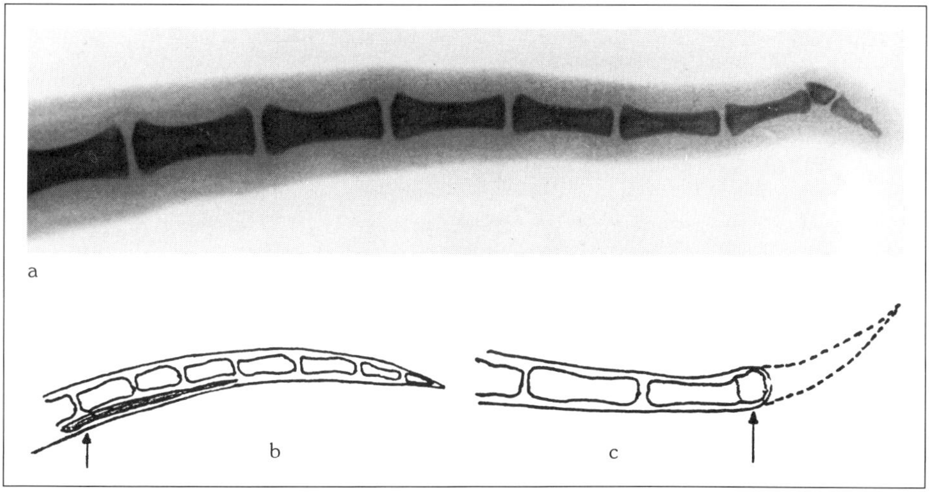

hervorgerufen werden. Man denke an die Quetschung beim Zuschlagen einer Tür oder an Bißverletzungen. In solchen Fällen muß sofort ein Tierarzt aufgesucht werden. Er attestiert die frisch blutende Wunde und beschreibt dabei genau – möglichst unter gleichzeitiger Anfertigung einer Röntgenaufnahme – das Ausmaß und die Folgen der Verletzung.

Nur so kann der betroffene Dackel weiter zur Zucht zugelassen werden. Atteste, die zu einem späteren Zeitpunkt, z.B. nach Feststellung von fühlbaren Rutendeformationen anläßlich einer Dackelschau oder einer Ausstellung gefertigt werden, werden in keinem Fall anerkannt. Da Verletzungen immer vorkommen und manchmal unbeobachtet bleiben, sollten gewissenhafte Züchter ihre Hunde im Alter von acht Monaten vorsorglich röntgen lassen. Bis zu diesem Alter können noch genetisch bedingte Deformationen entstehen. Den einwandfreien Befund sollte man vom Stammbuchamt auf der Ahnentafel eintragen lassen.

*b) Fehler, die eine höhere Formwertnote als »Gut« ausschließen:*

Schwächliche, hochläufige oder am Boden schleppende Gestalt – in den Schultern hängender Körper, schwerfälliger, unbeholfener, watschelnder Gang – einwärts oder zu sehr schräg nach auswärts gedrehte Zehen – gespreizte Zehen – Senkrücken – Karpfenrücken – Überbautsein, d.h., wenn die Kruppe höher steht als der Widerrist – zu schwacher Brustkorb – windhundartig aufgezogene Weichen – schmale, muskelarme Hinterhand – schwache Nierengegend – schlecht gewinkelte Vorder- oder Hinterhand – Kuhhessigkeit – Faßbeinigkeit – Glasaugen bei anderen als grauen oder gefleckten Hunden – schlechte Behaarung.

Leichte Fehler

*c) Fehler, die den Formwert »Vorzüglich« ausschließen:*

Schlecht angesetzte, abstehende, spitze oder gefaltete Behänge – zu starker Stirnabsatz – zu spitzer, schwacher Fang – Staupegebiß – das Fehlen von mehr als einem Prämolaren (bis 3), sofern es sich nicht um $P_1$ handelt – zu breiter, kurzer Kopf – Glotzaugen – Glasaugen bei grauen und gefleckten Teckeln – nicht genügend dunkle Augen bei allen anderen Haarfarben der Dachshunde – Wamme – kurzer Hals – Schwanenhals – zu feine oder zu dünne Behaarung – Hunde, die ein Gewicht von 9 Kilogramm überschreiten – zu geringer Bodenabstand. Dieser soll etwa ein Drittel bis zur Wideristhöhe betragen.

# Das Wesen des Dackels

»Was denn – nichts über Dackel?«

– Horst Stern nimmt damit in seinem Buch »Bemerkungen über Hunde«, in dem er verschiedene Hunderassen vorstellt, den wohl empörten Ausruf von Dackelbesitzern und Dackelfreunden vorweg. Doch gerade seine klärenden Worte, warum diese Lücke in seinem Buch vorhanden ist, lassen eine tiefe Zuneigung zu dieser Hunderasse erkennen: »Nichts über Dackel! Ich kann Dackel nicht leiden: Sie brechen einem das Herz, dann heben sie an den Bruchstücken ein Bein auf. Man weiß bei einem Dackel nie, welche Sorte Tränen man gerade in den Augen hat: Solche des Lachens, der Liebe oder der Wut. In einer Dackelseele menschelt es wie in keiner anderen Hundeseele.« (S. 118) Doch gerade aus diesem Grund – so möchte man Horst Stern entgegnen – hier also ein Kapitel, das dem Wesen des Dackels, seinen Stärken und Schwächen, gewidmet ist.

Der Dackel ist nicht nur wegen seiner kleinen Körpergröße, sondern vor allem wegen seiner komplikationslosen Anpassung an die jeweiligen Familienmitglieder der ideale Haushund. Wo immer er auftaucht, kommt Fröhlichkeit und Abwechslung in den Alltag seiner Besitzer. Ohne Schwierigkeiten ordnet sich der Dackel seinem Freund, dem Menschen, unter. Strafen sind beim Dackel selten vorzunehmen. Eine zeitweilige Verachtung fühlt er deutlicher als einen Klaps. Doch Vorsicht sei geboten: es kann sein, daß Ihr Dackel – wie manch anderer Hund auch – zur Wehleidigkeit neigt. Falls dies der Fall ist, wird er seine Erfahrungen von zugefügter Strafe speichern, so daß diese, je nach Dauer und Intensität, zu einem mehr oder weniger ausgeprägten Gedächtnisinhalt werden können. Einfacher gesagt: Wer heute seinen Dackel mit Verachtung straft, muß damit rechnen, daß er am nächsten Tag von seinem Hund mit Nichtachtung gestraft wird.

Eine der herausragendsten Eigenschaften des Dackels ist sein Einstellungs- und Umstellungsvermögen. Während er eben noch mit einem Kind herumtobte und dabei seinen Hang zur Clownerie entfaltete, begleitet er wenig später sittsam einen älteren Menschen auf seinem Spaziergang. Dabei paßt er sich dem Bewegungstempo seines Partners rhythmisch an. Man meint die Gangart seines zweibeinigen Freundes in seinem Bewegungsablauf kopiert zu sehen.

Jeder Dackelbesitzer kennt die Mimik dieser Hunde, mit der sie auf sich aufmerksam machen. Wie einfach läßt es sich einem Dackel auf seinem Gesicht ablesen, ob er einen Streich ausgeheckt oder ob er ein schlechtes Gewissen hat. Mit reuevollem Blick nach oben wird er abwarten, was nun an Vorwürfen und schimpfenden Worten seiner Tat folgt. Und sehr schnell merkt er

dann, ob der Unwille seines Herrn groß ist oder gar nicht so ernst genommen werden muß.

Unser Dackel ist ein Schelm unter den Hunden. Das ist es, was ihn so liebenswert macht. Was macht es schon, daß er gelegentlich seinen Dickkopf aufsetzt? Das weist ihn nur als Hund mit Eigenleben aus, das er trotz seiner Anhänglichkeit und Treue zum Menschen führt.

Dackel haben ihre Eigenarten, denen wir manchmal staunend gegenüberstehen. Mein erster Dackel, der Rauhhaar »Benn vom Panzertal« zum Beispiel, begrüßte meinen Vater, wenn er aus dem Büro nach Hause kam, damit, daß er auf die unterste Etage unseres Servierwagens sprang und dort so lange verharrte, bis mein Vater ihn einmal durch die ganze Wohnung gefahren hatte. Danach begab er sich zufrieden wieder in sein Körbchen.

Eine ausgesprochen gute Eigenschaft ist die Wachsamkeit des Dachshundes. Die leisesten und geringsten Geräusche – insbesondere die ihm ungewohnten – meldet er zunächst mit einem grollenden Brummen. Erkennt er, daß das fremde, ungewohnte Geräusch eine Gefahr in sich birgt, dann bellt er los, wobei sich seine Rückenhaare zu einer Bürste formen. Er läßt nicht eher wieder nach, bis Herrchen oder Frauchen zu Hilfe eilen oder nach dem Rechten sehen. Wagt sich ein Fremder in das Haus, wird der Dackel ihn noch eine ganze Weile mißtrauisch umkreisen und ihn dabei beobachten. Er zeigt sehr deutlich: Hier ist ein Wachhund zu

Hause. Handelt es sich dabei jedoch um eine vertraute Person, so gibt der Dachshund seine Aggressivität schnell auf und zeigt durch freudiges Schwanzwedeln seine Zuneigung an. Wie fein ausgeprägt das Gehör des Dackels ist, kann man an seiner Reaktion erkennen, wenn eine Katze auf leisen Sohlen an der Haustüre vorbeischleicht. Lange bevor der Dackel diesen ungebetenen Gast erblickt, hat er ihn akustisch wahrgenommen und mit Knurren und Bellen reagiert.

Gelegentlich sagt man dem Dackel Ungehorsam nach. Doch das stimmt nicht! Der Dackel ist einer der ältesten Jagdgehilfen des Menschen. Bei der Baujagd auf Fuchs und Dachs ist er mit seinen Entscheidungen unter der Erde auf sich allein gestellt. Dadurch wurde sein ursprüngliches Wesen weitgehend gebildet. Doch es wäre verkehrt, ihm aufgrund dieser Selbständigkeit Eigensinn und Ungehorsam nachzusagen. In den Niederlanden werden anläßlich lokaler oder internationaler Teckelausstellungen Gehorsamsdemonstrationen gezeigt. Hierbei werden Teckel aller Haararten und Größen in einer Gruppe vorgeführt, wobei die Leinenführigkeit, das Ablegen auf Kommando und das Ausharren der Hunde auf den ihnen zugewiesenen Plätzen bis zur Abholung durch den Herrn gezeigt wird. Von Ungehorsam ist dabei nichts zu merken.

Als Jagdhund ist der Dackel vielseitig und ausgesprochen leicht zu führen. Natürlich muß seine Ausbildung für die verschiedenen Aufgabenfelder zielbewußt vorgenommen werden.

Die Geselligkeit unter Rassegenossen liebt der Dackel ebensosehr wie sein Herr. Und auf langen, ausgedehnten Spaziergängen, bei denen es für den Dackel viel zu schnuppern und für seinen Herrn viel zu sehen gibt, sind beide glücklich und zufrieden. Alles in allem ist der Dackel ein Hund, an dessen Wesen und Verhalten selbst Leute, die keine Hunde halten, immer wieder Freude und Gefallen finden.

## Zu den Begriffen »Wesensfestigkeit« und »Wesensschwäche«

Viele Jahre wurden die Raubwildschärfe und der Wachtrieb eines Hundes als Indiz für dessen Wesensfestigkeit angesehen. Sicher wird man auch heute noch aufgrund der Verteidigungsbereitschaft des Dackels, seines Mutes und seiner Tapferkeit eine Festigkeit des Wesens vermuten. Doch nicht alle Dackel werden in der heutigen Zeit jagdlich geführt; der überwiegende Teil wird als Haus- und Familienhund gehalten! Doch auch diese Dackel müssen wesensfest sein. Sie sollten den Streßbedingungen des Alltags (z. B. Autoverkehr, Lärm etc.) angstfrei gegenüberstehen, sich ohne Schreckhaftigkeit in das Familienleben mit mehreren Personen integrieren lassen und ebenso die Fähigkeit besitzen, sich in Einsamkeit lebenden Einzelpersonen komplikationslos unterzuordnen.

»Wesensfestigkeit« ist der Zustand seelisch-körperlicher Ausgeglichenheit, der sich auch bei außergewöhnlichen

Umwelteinflüssen bewährt – so lautet die Definition, wie sie Jagdkynologen formuliert haben.

Verhaltensweisen können bei Hunden angeboren oder erworben sein. Nach *Professor Seiferle* ist das Wesen die Gesamtheit aller angeborenen und erworbenen körperlichen und seelischen Anlagen, Eigenschaften und Fähigkeiten, die das Verhalten des Hundes zur Umwelt bestimmen, gestalten und regeln. Ist dieses Wesen intakt, so ist der Hund wesensfest, ist es gestört, so ist er wesensschwach.

»Wesensschwäche« ist ein Zustand angeborener oder erworbener nervöser Reizbarkeit oder Überempfindlichkeit, der die Reizschwelle des Hundes (die Ansprechbarkeit des Hundes auf die ihn umgebenden und einwirkenden Umweltreize) herabsetzt und ihn in seinem natürlichen Verhalten hemmt.

Sicher stellt sich jetzt dem Leser die Frage, ob diese allgemein – für jeden Hund – gefaßten Formulierungen auch für den Dackel gelten.

Der Dackel bildet in der Grundtendenz keine Ausnahme, und doch muß man bei ihm andere Maßstäbe ansetzen, da von ihm in bestimmten Situationen Reaktionen erwartet werden, die bei anderen Hunden widernatürlich wären. Ein Vorstehhund hat, zum Beispiel wenn er »vorsteht«, eine artgebundene Hemmung, weiter auf das von ihm mit seiner Nase ausgemachte Niederwild zuzugehen. Der Dackel dagegen nimmt die Spur sofort auf und verfolgt sie lauthals. Oder ein anderes Beispiel: Vorstehhunde werden kaum ein Interesse zeigen, in einen Bau, ganz gleich ob Fuchs- oder Dachsbau, einzufahren. Der Dackel würde aufgrund seiner körperlichen Prädestination sofort jede dieser Gelegenheiten nutzen. Diese Reserviertheit, mit der er das manchmal tut, ist entweder angeboren oder im Laufe der Zeit durch Lehren aus für ihn mißlichen Situationen entstanden, die ihn zum erfahrenen und zurückhaltenden Skeptiker gemacht haben.

Äußerliche Vorzüge und Nachteile, z. B. des Körperbaus oder des Bewegungsablaufs, sind selbstverständlich leichter zu beurteilen als die seelischen Schwächen und Stärken eines Hundes. Zu den Wesensschwächen zählt man:

## Gewitterangst

Sie zählt zu den Wesensmängeln, die auf Geräuschempfindlichkeiten beruhen. Sie ist in Hundehalterkreisen die am häufigsten beobachtete Angst. Aber nicht nur Hunde obliegen solchen, durch Witterungseinflüsse hervorgerufenen Angstsituationen. Auch das Wild zeigt Unruhe vor einem aufziehenden Gewitter. Es ist zu wenig erforscht, ob hier genetische Erbanlagen eine Rolle spielen oder die Unruhen atmosphärischen Einflüssen zuzuordnen sind. Es gibt Hunde – und so auch Dackel –, die absolut schußfest sind, eine ausgesprochene gute Raubzeugschärfe zeigen und auch sonst über feste Nerven verfügen, die aber ihre Angst vor einem Gewitter nicht verbergen können.

## Milieuscheu

Hunde, die unter Milieuscheu leiden, reagieren mißtrauisch, empfindlich und ängstlich auf alle ihnen unbekannten Geräusche, Gegenstände und Örtlichkeiten. Diese Hunde haben Schwierigkeiten, ihre Umwelt richtig einzuschätzen, und leiden unter Platzangst. Solche übererregbaren Hunde sind für die Zucht wertlos, da sie diese tiefsitzende Angst gegenüber Personen, Tieren und alltäglichen Dingen weitervererben können. Bei einem Spaziergang mit solchen Hunden kann eine plötzlich aufflatternde Plastiktüte oder ein hupendes Auto zu einer Gefahrenquelle für alle Beteiligten werden.

### Autoangst

Ob die Autoangst nun zu den Wesensschwächen gehört, hat bis heute noch niemand eindeutig beantworten können. Es widerspricht dem die Tatsache, daß es Hunde gibt, die am Anfang der Autofahrt recht unruhig sind, sich aber, je nach Länge der Fahrt, immer mehr beruhigen. Man hat auch schon erlebt, daß anfänglich sehr unruhige Hunde nach einigen Tagen oder Wochen der Gewöhnung geradezu versessen auf das Autofahren waren.

### Angstbeißer

Angstbeißer sind Hunde, die ohne sinnvollen Anlaß und ohne Vorwarnung um sich beißen, wenn man ihnen zu nahe tritt. Ausstellungsrichter kommen gelegentlich mit solchen Angstbeißern in Berührung. Beim Untersuchen der Rute oder des Gebisses gebärden sich solche Hunde wie wild, sie nässen und setzen Kot ab. Solche Hunde gehören nicht in die Zucht, auch wenn sie noch so schön und vom Körperbau her makellos sind. Züchter, die das nicht erkennen und wahrhaben wollen, handeln mit der Vermehrung solcher Hunde gewissenlos. Leider ist das Bewußtsein mancher Züchter noch nicht so weit gediehen, so daß einige Rassen aufgrund von Inzucht und falscher Selektion sehr stark von dieser Angstneurose betroffen sind. Durch das Einbeziehen solcher kranken Hunde werden nicht nur die Dackelkäufer betrogen, sondern auch den Hunden großer Schaden zugefügt. Der Züchter macht sich demnach auch gegenüber der lebenslang kranken Kreatur im Sinne der Tierquälerei schuldig.

Schußscheue

Eine ausgesprochene Wesensschwäche ist die Schußscheue. Sie führt zur Jagduntauglichkeit, auch wenn der Hund andere jagdliche Eigenschaften, z.B. eine gute Nase bei der Schweißsuche, besitzt. Schußscheue Dackel sollten auf keinen Fall zur Zucht herangezogen werden. Überall im Alltagsleben gibt es Situationen, in denen der Hund lauten, knallartigen Geräuschen ausgesetzt ist. Silvester und Karneval sind nur zwei Beispiele dafür. Ein schußfester Hund bleibt von solchen Knallereien unbeeindruckt, es sei denn, daß so ein Knallkörper ihm einmal Verletzungen oder Brandwunden zugefügt hat. Dann wird der Hund bei jedem lauteren Geräusch eine Geräuschempfindlichkeit zeigen, die sich aber im Laufe der Zeit verlieren kann. Zuweilen wird von Jägern behauptet, der Dackel neige zu einem hohen Prozentsatz zur Schußscheue. Doch das trifft nicht zu. Die Quote schußscheuer Dackel ist nicht höher als bei anderen Hunderassen. Auf Schußfestigkeitsprüfungen ermittelte schußscheue Dachshunde sollten von Züchtern gemieden werden, die Weitervererbung dieser Anlage findet vor allem durch Inzucht statt.

# Der Dackel – ein Familienhund

Wer das vorherige Kapitel über das Wesen des Dackels aufmerksam gelesen hat, der wird sich bestimmt nicht wundern, wenn es hier nun heißt: Der Dackel ist ein liebenswerter und guter Familienhund! Zwischen den verschiedenen Haararten und Größenvarietäten gibt es keinerlei Unterschiede, da alle Dackel das für diese Rasse typische Wesen haben. Diese Hunde sind anpassungsfähig und jedem Menschen, der sie gut behandelt, treu ergeben.

Da der Dackel ein sehr gelehriger Hund ist, kann man ihm schon sehr früh Dinge beibringen, die seine Integration in die Familiengemeinschaft erleichtern (s. auch Kapitel »Erziehung«). Um seinen Aufgabenbereich innerhalb der Familie zu erweitern, kann man ihm zum Beispiel mühelos das Apportieren der Hausschuhe für den Hausherrn oder die Hausfrau beibringen, wenn diese von der Arbeit des Tages müde nach Hause kommen. Er wird diese und andere »Arbeiten« gerne übernehmen, da er dadurch die für ihn notwendige Aufmerksamkeit erhält und er die Erfahrung gemacht hat, daß dabei immer ein Lob, ein paar liebe Worte und die heiß ersehnten Streicheleinheiten für ihn herausspringen. Der Dackel ist vor allem dann ein gelehriger Schüler, wenn er mit der zu erlernenden Aufgabe einen besonderen Erlebnisvorgang, z.B.

das Erhalten eines Leckerbissens, verbindet.

Mit seiner feinen Beobachtungsgabe hat der Dackel auch sehr schnell begriffen, daß der Fernsehabend für ihn die Möglichkeit mitbringt, einen gemütlichen, hautnahen Platz auf dem Schoß von Herrchen oder Frauchen zu ergattern. Doch auch hier ist es durchaus möglich – mit ein bißchen Konsequenz in der Erziehung –, dem Familienhund Dackel beizubringen, daß er in seinem Körbchen zu bleiben hat. Sein Spielzeug muß er dann jedoch immer bei sich haben, denn der Kauknochen und der Gummiigel gehören ihm ganz allein!

Die wichtigste Aufgabe des Dachshundes als Familienmitglied soll hier jedoch nicht unerwähnt bleiben: Die ausgedehnten Spaziergänge, zu denen er mit munterem Bellen und Schwanzwedeln auffordert, fördern nicht nur seine Gesundheit, sie bringen auch den Kreislauf des berufsbedingt bewegungsarmen Herrchens oder Frauchens in Schwung. Regelmäßiger Auslauf – und nicht nur »Gassi gehen« – muß dem Hund von allen Mitgliedern der Familie geboten werden. Dreimal am Tag sollte man sich dafür ausreichend Zeit nehmen, ob es draußen stürmt oder schneit.

# *Der Dackel und Kinder*

Auch wenn der Dackel ein sehr kinderfreundlicher Hund ist, so ändert das nichts an der Tatsache, daß vor allem die Kinder in einer Familie, die sich für die Anschaffung eines Hundes entschieden hat, unbedingt lernen sollten, wie man mit Hunden umgeht. Denn häufig sind es die Kinder, die den Hund als ihresgleichen ansehen und ihn ungeschickt anfassen; in solchen Momenten kann man eventuell entstehendes Fehlverhalten dem Hund nicht als Bösartigkeit anlasten. Man sollte also schon rechtzeitig dafür sorgen, daß die Kinder wissen, wie man einen Hund artgerecht behandelt. Und dann braucht man sich auch keine Sorgen mehr zu machen: Wenn der Hund und die Kinder sich erst einmal gut verstehen, dann entsteht daraus eine tiefe, unzertrennliche Freundschaft. Jeder, der die Bilder von Dackeln in Puppenwagen oder sogar in Puppenkleider gehüllt kennt, der weiß, wieviel diese Hunde in ihrer Gutmütigkeit zu ertragen bereit sind.

Einige Gedanken bedarf auch der Umstand, wenn ein Baby auf die Welt kommt, das zukünftig dem schon lange vorher dagewesenen Dackel seine vorrangige Stellung bei Herrchen und Frauchen streitig machen wird. Man sollte den Hund anfänglich aus dem Kinderzimmer fernhalten und ihn ständig beobachten, damit er nicht einen un-

beobachteten Moment ausnutzen kann, um sich dem Nachkömmling eifersüchtig zu nähern. Denn man bedenke: Auch ein Dackel kennt Eifersucht und Haß. Wenn man den Hund jedoch nicht vernachlässigt, ihm auch weiterhin die notwendige Zuneigung zuteil werden läßt, dann dauert es bestimmt nicht lange, bis auch er das neue Familienmitglied in sein Hundeherz geschlossen hat.

# *Der Dackel und andere Tiere*

Das Sprichwort »Sie sind wie Katz' und Hund« muß nicht unbedingt in dem gebräuchlichen Sinne zutreffen. Sind beide, Hund und Katze, zusammen aufgewachsen, können sie sehr schnell die besten Freunde werden. Sie werden dann miteinander spielen, zusammen herumtollen, aus einem Napf fressen und sogar den Schlafplatz miteinander teilen. Aber das gilt auch nur für die befreundete Katze; wehe, eine fremde Katze läßt sich blicken! Dann verliert der Dackel sofort seine Zurückhaltung, und der Fremdling wird zum Feind. Reizworte wie »Ja, wo ist denn das Kätzchen«, oder gar die direkte Aufforderung zum Angriff »Faß die Katz'« sollte man unbedingt unterlassen. Durch sie entsteht eine Feindschaft, die schlimme Folgen haben kann. Denn was ist, wenn unser Dackel plötzlich auf der anderen Straßenseite seinen vermeintlichen Feind sieht und blindlings hinüberstürzt, ohne dabei auf den Straßenverkehr und die Rufe seines Besitzers zu achten? Man müßte an den Folgeschäden einen Großteil der Schuld sich selbst geben.

Dackel und Vögel sind nur Freunde, wenn sie von Anfang an in enger Gemeinschaft aufwachsen. Die Bewegungen des Vogels reizen den Fangtrieb des Hundes. Aber auch allein der Geruch des Vogels kann schon einen so starken Trieb in den Hunden erwecken, daß diese sich selbst auf einen leeren Käfig stürzen würden. Deshalb sollte man besser dafür sorgen, daß beide, Hund und Vogel, sich möglichst in getrennten Räumen aufhalten.

Von der zusätzlichen Anschaffung eines Goldhamsters, eines Meerschweinchens oder eines Zwerghasen ist jedoch dringend abzuraten. Diese Tiere sind für den Hund Wild; man muß damit rechnen, daß der Dackel im Kontakt mit ihnen seinen Jagdtrieb entfaltet und versuchen wird, das »Wild« zu töten.

Mit Pferden verstehen sich Dackel sehr gut. Sind sie erst einmal miteinander vertraut, dann entstehen regelrechte »Freundschaften« zwischen Hund und Pferd. Ob die Tatsache, daß die kleinen Vierbeiner sich mit Begeisterung in Pferdedung wälzen, unbedingt zum Erhalt der Freundschaft beiträgt, möchte man als nasenrümpfender Hundebesitzer jedoch manchmal ernsthaft bestreiten.

# *Die Sinne des Dackels*

Läßt man sich als Dackelbesitzer auf die Hundeperspektive herab, wird man seinen Freund Krummbein viel besser verstehen.

Der Mensch, im Durchschnitt ca. einen Meter und siebzig Zentimeter groß, erfaßt sein Umfeld in erster Linie mit seinem Sehorgan. Der Dackel hat mit seiner Körperhöhe von ca. 25 Zentimeter nicht diese Überschaubarkeit. Hinzu kommt, daß die Augen des Hundes zwar durch die seitliche Stellung einen fast 50% größeren Gesichtswinkel als bei Menschen bieten, dafür aber das Sehen auf Entfernung wesentlich schlechter ist. Die Sichtweite eines Hundes liegt laut Untersuchungen zwischen 100 und 150 Metern. Auch das plastische Sehen des Hundes ist wegen der ungünstigen Augenstellung lange nicht so ausgeprägt wie bei uns Menschen.

Die Überlegenheit des Hundes bezüglich des Riechorgans und des Gehörs wird deutlich, wenn man folgendes betrachtet:

Während der Mensch nur etwa fünf $cm^2$ Riechfläche in seiner Nase beherbergt, beträgt diese beim Dachshund 75 $cm^2$. Das bedeutet, daß beim Dackel etwa 120 Millionen Riechzellen (beim Schäferhund sind es sogar über 200 Millionen) vorhanden sind. Der Mensch hat dagegen nur acht Millionen dieser Riechzellen. Wenn in den verschiedenen jagdlichen Gebrauchsprüfungen von einer »guten Nase« die Rede ist, so meint man damit eben die Fähigkeit des Hundes, sein Riechorgan beim Aufstöbern des Wildes oder bei der Verfolgung einer Hasenspur unter Beweis zu stellen. Auch die Fährtensicherheit bei der Nachsuche des krankgeschossenen Wildes erfordert eine »gute Nase«. Dabei gibt es Dackel, die eine hervorragende Arbeit bei der Nachsuche von Reh- und Rotwild zeigen, aber eine Blutfährte des Schwarzwildes nicht aufnehmen, weil sie eine starke Aversion gegen den Geruch des Wildschweinblutes haben.

Wie gesagt, auch das Gehör des Hundes ist dem des Menschen weit überlegen. Der Mensch kann noch Töne von 30 000 Hertz wahrnehmen, der Hund liegt mit seiner akustischen Wahrnehmung über der Grenze des Schallbereichs bei ca. 40 000 Hertz. Das Gehör des Hundes ist also so gut entwickelt, daß man bei der Hundedressur Signalpfeifen verwenden kann, die für das menschliche Hörvermögen nicht mehr wahrnehmbar sind, sogenannte »Lautlose Hundepfeifen«. Auch die Tatsache, daß die Vierbeiner aus zahlreichen Geräuschen den Schritt ihres heimkehrenden Herrn sofort heraushören, ist ein weiterer Beweis für das sehr gute Hörvermögen des Hundes. Der Geschmackssinn ist bei allen Hunden nicht besonders gut ausgeprägt, er wird durch das hervorragende Geruchsvermögen ersetzt.

Der Tastsinn des Dackels ist sehr gut. Vor allem am Nasenspiegel, an den Lippen, an der Zunge und an den Ballen der Pfoten ist eine besondere Empfindlichkeit festzustellen. Die Tasthaare des Körpers haben an ihrer Basis Sensoren, die auf Berührung oder Druck reagieren. Es sind unter anderem diese so fein sensibilisierten Sinnesorgane, die den Dackel zum unentbehrlichen Jagdgefährten des Menschen machen.

# *Der Dackel – der Jagdgefährte des Menschen*

Der Dackelkenner und Autor des Buches »Dachshund«, *Dr. Fritz Engelmann* aus Gera, schreibt 1925: »Dachshundzucht ist Gebrauchshundzucht, muß immer Gebrauchshundzucht bleiben, sonst ist sie keine Dachshundzucht mehr« (S. 136). Natürlich muß man bedenken, daß diese Worte in einer Zeit geprägt wurden, in der die Jagd über und unter der Erde auf ihrem Höhepunkt stand. Der Dackel näherte sich immer mehr den von ihm entworfenen Idealbildern. Damit war die zweckmäßige, für die Jagd wichtige und leistungsbezogene Form geschaffen worden. Nun entstanden auch die zahlreichen Richtlinien für Ausbildung und Prüfung des Dackels, für seine jagdlichen Aufgaben, denn die Eignung des Dackels ist vielseitig. Er arbeitet unter der Erde im Fuchs-, Dachs- und Kaninchenbau. Mit großer Passion und tapferem Einsatz stellt er seine Widersacher, treibt sie aus dem Bau oder liegt laut bellend davor, um dem Bodenjäger anzuzeigen, wo das Raubwild sich befindet. Ein »Einschlag«, so nennt man das Graben an der vom Dackel durch sein »Lautgeben« bezeichneten Stelle, führt nun zur Ergreifung des gestellten Wildes durch den Jäger. Herr und Hund sind aufeinander angewiesen, sind ein eingespieltes Team. Ein Jagderfolg setzt eine gute Zusammenarbeit voraus. Aber bevor der Dackel diese nicht immer leichten Aufgaben übernehmen kann, muß eine gewissenhafte zielgerichtete Vorbereitung erfolgen. Um seinen Aufgaben als Helfer des Jägers nachkommen zu können, muß der Jagdhund also erst einmal geschult und ausgebildet werden, bevor seine Hilfe zweckmäßig und verläßlich ist. In unserer Zeit ist das tierschützerische Empfinden besonders stark ausgeprägt. Darauf sollten alle Jäger und Dackelhalter achten. Übungen und Eignungsprüfungen mit dem Hund am lebenden Raubwild müssen unter allen Sicherheitsvorkehrungen abgehalten werden, damit keine der beiden Parteien einen Schaden aufgrund einer unqualifiziert durchgeführten Ausbildung erleidet. Die Organisatoren und Übungsleiter solcher Jagdprüfungen haben sich die

Belange der Tierschützer zu eigen gemacht. Die in den Zwingern gehaltenen Füchse – Dachse werden nicht mehr gehalten oder bejagt – liegen ihnen genauso wie die Dackel, um deren Ausbildung es geht, am Herzen.

Auch über der Erde ist der Dackel sehr vielseitig. Er stöbert das Wild aus der Dickung, in die er aufgrund seiner geringen Körperhöhe spielend eindringen kann. Er jagt dabei laut, so daß der Schütze immer weiß, wo der Hund sich befindet und ob er Wild vor sich hat. Auch hierbei bewährt sich ein eingespieltes Team von Herr und Hund. Am Laut vermag der Jäger zu erkennen, welche Art von Wild sein Hund aufgespürt hat.

Eine weitere Möglichkeit, den Dackel jagdlich einzusetzen, ist die Nachsuche waidwunden Wildes. Wegen seiner Fähigkeiten auf dem Gebiet der Schweißsuche wird der Dackel von Jägern besonders geschätzt. Die »gute Nase«, die Fährtentreue sowie die Sicherheit des Dackels in solchen Momenten wurde auf vielen Verbandsschweißprüfungen des Jagdgebrauchshundverbandes bewiesen und dokumentiert.

Da der Dackel von Natur aus wasserfreudig ist, macht es ihm überhaupt nichts aus, auch einmal eine geschossene Ente aus dem Wasser zu holen. All diese Leistungsmöglichkeiten sind in der sogenannten Vielseitigkeitsprüfung gefordert und werden dort nach Punkten bewertet.

Der Kaninchenteckel ist, wie schon sein Name sagt, auf diese sich in Bauhöhlen zurückziehende Wildart spezialisiert. Er wird dafür eingesetzt, Kaninchen aus ihrem Bau zu treiben oder angeschossene Wildkaninchen aus ihrem Bau herauszuziehen.

Heute wird nur noch ein Viertel aller Dackel für den jagdlichen Gebrauch gezüchtet. Mehr Gewicht liegt heutzutage auf der Liebhaber- und der Schönheitszucht. Erinnert man sich an die Worte von Dr. Engelmann am Anfang des Kapitels, so entsteht dann der Aufruf an alle Nichtjäger, die ursprüngliche und angewölfte Jagdpassion ihrer Dackel wachzuhalten. Zahlreiche Prüfungen bieten die Möglichkeit, die Qualitäten des Hundes bezüglich seiner Jagdfähigkeit zu testen oder bewerten zu lassen. Viele Nichtjäger werden erstaunt sein über die hervorragenden Leistungen, die ihr seit Generationen nicht mehr jagdlich geführter Dackel dort erbringt. Eines sei noch gesagt: Alle Dackel – auch die kleineren Schläge – sind, wenn sie von guten Zuchten abstammen, zur jagdlichen Führung geeignet. Natürlich ist eine gute Ausbildung die Voraussetzung für späteres Gelingen. Hunde, mit denen solche Übungskurse durchgeführt werden, können ihren jagdlichen Wert und ihr Leistungsvermögen in abschließenden Prüfungen beweisen. Es gibt folgende Prüfungsmöglichkeiten:

- Schweißsuche auf Übernachtfährte
- Schweißsuche (20 Stunden)
- Schweißsuche (40 Stunden)
- Spurlautprüfung
- Stöberprüfung
- Vielseitigkeitsprüfung
- Baueignungstest
- Schußfestigkeitsprüfung
- Wassertest

Die bestandenen Prüfungen werden mit einem Leistungszeichen in die Ahnentafel eingetragen. Des weiteren gibt es auch Prüfungen, die in der Natur durchgeführt werden. Die geglückte Schweißsuche und die »Naturbauprüfung auf Fuchs« werden ebenfalls auf der Ahnentafel vermerkt. Hunde, die eine Spurlautprüfung oder Vielseitigkeitsprüfung bestehen und jünger als ein Jahr sind, erhalten zum Leistungszeichen den Zusatz »J« (= Jugend).

Es macht Spaß, mit Gleichgesinnten und ihren Dackeln in der freien Natur zu arbeiten und sich mit ihnen gemeinschaftlich auf die anstehenden Prüfungen vorzubereiten. Vielleicht nutzen auch Sie einmal die Möglichkeit, mit Ihrem Dackel gemeinsam ein Team zu sein; Interessenten erhalten weitere Anleitungen und Auskünfte für solches Vorhaben bei den Jagdgebrauchshundvereinen und bei den örtlichen Gruppen des Teckelklubs.

# Ein Dackel soll es sein!

## Überlegungen vor dem Kauf

Es bedarf einiger Überlegungen, wenn man den Entschluß gefaßt hat, einen Dackel zu erwerben. Zunächst stellt sich die Frage, welche Haarart es sein soll. Ob Sie sich dabei für einen Rauhhaar-, Kurzhaar- oder einen Langhaardackel entscheiden, ist eine Geschmacksfrage. Auf jeden Fall sollte man darauf achten, daß der künftige Hausgenosse aus einer guten Zucht und von gesunden Dackeleltern abstammt. Alle Bedingungen hinsichtlich Gesundheit und vorbeugenden Schutzmaßnahmen sollten erfüllt sein. Das heißt, der Welpe sollte nach erfolgter Wurmkur die erforderlichen Schutzimpfungen gegen Staupe, Hepatitis contagiosa, Leptospirose und möglichst auch gegen Parvovirose erhalten haben (s. a. S. 69 f.). Nur ein wirksamer Impfschutz bietet die Sicherheit einer Aufzucht ohne problematische Infektionskrankheiten.

Der Deckakt der Eltern des Welpen darf nicht vor dem vollendeten fünfzehnten Lebensmonat der Hündin und des Rüden stattgefunden haben, da erst nach dieser Zeit die Wachstumsphase endgültig abgeschlossen ist. Diese Regelung wurde von der Fédération Cynologique Internationale (FCI) an alle Mitgliedsvereine herausgegeben, um sowohl die Hündinnen als auch die Welpen zu schützen. Es besteht die Gefahr, daß Hündinnen, die zu jung gedeckt werden, Welpen hervorbringen, die die zum Leben notwendige Substanz vermissen lassen. Ähnliche Probleme können auch bei älteren Tieren auftreten: So wird die Zuchtfähigkeit bei Rüde und Hündin hinsichtlich des Alters unterschiedlich beurteilt. Während man beim Rüden keine Altersbegrenzung festlegt, sollten Hündinnen nach Vollendung ihres achten Lebensjahres nicht mehr belegt werden. In diesem Alter kann es nicht ausgeschlossen werden, daß die Welpen mit erheblichen Mangelerscheinungen auf die Welt kommen. Diese Regelung, wie auch die zeitlich begrenzte Zuchtsperre, die dann ausgesprochen wird, wenn eine Hündin bei zwei Hitzen hintereinander belegt wurde, soll die weiblichen Tiere vor der Ausbeutung, vor der Zucht nur unter finanziellen Gesichtspunkten, schützen.

Ein weiterer, wichtiger Aspekt ist die Größe des Hundes: Soll es ein Dackel vom Normalschlag oder ein Kleinteckel sein? Hierbei ist sicher auch ausschlaggebend, ob man mit dem Dackel auf die Jagd gehen will. Ein Jäger, der die Baujagd auf Kaninchen bevorzugt, wird einen Zwerg- oder Kaninchenteckel wählen. Doch grundsätzlich bleibt zu erwähnen, daß in jagdlicher Hinsicht alle Dackel – unabhängig von Haarart und Größenvarietät – sehr gute Arbeit leisten, wenn sie aus gesunden und leistungsfähigen Stämmen hervorgegangen sind.

## *Rüde oder Hündin?*

Einige Teckelfreunde entscheiden sich für einen Rüden, weil sie die Probleme, die durch die regelmäßig wiederkehrende Läufigkeit einer Hündin entstehen, z.B. die Notwendigkeit einer verstärkten Aufsichtspflicht in dieser Zeit, scheuen. Dazu muß gesagt werden, daß man mit medikamentösen Maßnahmen die Läufigkeit einer Hündin, z.B. während der Urlaubs- und Reisezeit, problemlos zeitlich verschieben oder sogar ganz unterbinden kann. Sicherlich sollte man bei der Entscheidung für ein männliches oder ein weibliches Tier mehr die Wesensunterschiede beider beachten: So kann man davon ausgehen – und selbstverständlich bestätigen auch hier die Ausnahmen die Regel –, daß bei Rüden der Freiheitsdrang wesentlich stärker ausgeprägt ist als bei weiblichen Tieren, denen man wiederum eine stärkere Anhänglichkeit nachsagt. Hündinnen – so sagte einmal Konrad Lorenz – sind viel treuer als Rüden. Die Seelenregungen der weiblichen Tiere sind viel komplizierter, reichhaltiger und feiner, ihre Intelligenz übertrifft in den meisten Fällen die des sonst gleichwertigen Rüden. Wer jedoch selbst züchten will, der wird sich natürlich eine Hündin zulegen.

Wer vorhat, mehrere Dackel zu halten, der bedenke, daß Rüden, wenn sie zusammen gehalten werden, aufgrund von Rivalität und Eifersucht sehr leicht eine Aggressivität aufeinander entwikkeln können. Es kann im Zuge dieser Machtkämpfe auch zu Beißereien kommen. Doch auch die Haltung von zwei Hündinnen ist nicht ganz unproblematisch. In meine Tierarztpraxis kam neulich ein Mann mit zwei Patientinnen. Es handelte sich dabei um zwei Rauhhaarteckel-Hündinnen, die seit neun Jahren gemeinsam in Wohnung und Zwinger gehalten wurden. Ohne ersichtlichen Grund sind die beiden Tiere eines Nachts aufeinander losgegangen und haben sich dabei so ineinander verbissen, daß eine der beiden sehr schwere Bißverletzungen davontrug. Und – typisch für Hündinnen – die beiden zeigten nach diesem Zwischenfall keinerlei Anzeichen einer Versöhnung, so daß sie nicht mehr zusammen gehalten werden konnten. Rüde und Hündin kommen dagegen sehr gut miteinander aus. Der Rüde wird seine Lebensgefährtin immer vor anderen Hunden zu beschützen suchen, vor allem dann, wenn die Hündin sich kurz vor der Läufigkeit befindet. Der Hundebesitzer, der nicht züchten will, muß in dieser Zeit sein Dakkelpärchen besonders gut beobachten; doch diese Phase geht vorbei, und man kann sich danach wieder am friedlichen und vertrauten Miteinander von Rüde und Hündin erfreuen.

## *Gedanken zur Aufzucht*

Wer sich bei einem Züchter nach einem Welpen umsieht, dem wird sich bald die Frage stellen, wie alt der Welpe sein soll, wenn er aus der Obhut des Züchters in die des neuen Besitzers wechselt.

Keinesfalls darf der Welpe jünger als acht bis neun Wochen sein, da es erst nach Ablauf dieser Frist gewährleistet ist, daß die notwendigen Impfungen und die Tätowierung des Welpen vorge-

nommen wurden. Erst nach Erledigung dieser formalen Dinge sollte der Züchter das junge Tier zum Verkauf freigeben.

Nun kommt der Welpe in seine neue Umgebung. Damit beginnt die Zeit der Aufzucht, die eine intensive Beschäftigung mit dem jungen Tier verlangt. Nur mit viel Geduld, liebevoller Zuwendung und Konsequenz wird man es schaffen, die Beziehung zwischen Hund und Herr zu festigen, um eine gegenseitige Vertrauensbasis aufzubauen. Sicherlich kostet es manchmal sehr viel Mühe, sich ununterbrochen um den kleinen vierbeinigen Freund zu kümmern. Doch man darf nicht vergessen, daß die Trennung von der Mutter, von den Geschwistern und der Einzug in die fremde Umgebung das junge Tier sehr verunsichert und traurig macht. Wie schlimm wäre es für den Welpen, wenn ihn nun auch noch der Mensch im Stich ließe! Doch die ersten Ängste verfliegen schnell, wenn sich eine Bezugsperson besonders intensiv um den Welpen kümmert, ihn umsorgt, streichelt und beruhigend mit ihm spricht.

Falsch wäre es, sich mit irgendwelchen Leckereien das kleine Hundeherz zu erkaufen – Unwohlsein und Verdauungsstörungen wären die Folge. Geben Sie deshalb dem Welpen zu Anfang nur das Futter, das er auch bei seinem Züchter erhalten hat. Ein guter Züchter wird Ihnen sicherlich eine Tagesration, vielleicht sogar einen Wochenvorrat der gewohnten Kost des Welpen mit nach Hause geben, so daß Sie sich erstrangig um Ihren neuen, kleinen Hausgenossen kümmern können und sich erst nach einer Zeit über alltägliche Dinge, wie z. B. das Futter, Gedanken machen müssen.

# *Der Dackel und die Gesetzgebung*

## *Hundehaltung in Mietwohnungen*

Als Mieter einer Wohnung sollten Sie vor der Anschaffung eines Dackels klären, ob der Vermieter mit der Haltung eines Hundes einverstanden ist. Da die meisten Mietverträge eine Klausel enthalten, die Tierhaltung verbietet, sollte man die Zustimmung des Vermieters im Mietvertrag festhalten und durch dessen Unterschrift beglaubigen lassen. Sicher ist es so, daß der Vermieter eher der Haltung eines Dackels als der eines großen Hundes zustimmen wird. Leider ist die Rechtsprechung über die Haltung und Züchtung von Hunden und der Notwendigkeit der Zustimmung des Vermieters in Deutschland nicht einheitlich. Viele Richter meinen, daß die Haltung eines Hundes den Lebensinhalt eines Menschen bereichert und man diesen Aspekt nicht mit Verboten unterbinden darf. Doch leider sind diese Urteile nicht allgemeingültig. Gerichtsverhandlungen, die aufgrund der Nichtbeachtung von Mietvertragsklauseln entstehen, sind oft unerfreulich und kostenaufwendig, doch sie lassen sich vermeiden.

## *Der Kauf eines Hundes*

Prüfen Sie vor dem Kauf des Dackels genau, ob der Hund Ihren Erwartungen entspricht. Dabei sollten Sie nicht nur auf die äußere Gestalt des Hundes, z. B. Haarfarbe, Gang etc., achten, sondern vor allem auf die Gesundheit des jungen Dackels. Denn beim Kauf eines Hundes gilt: »Gekauft wie besehen«, das heißt, daß alle Dinge, die der Käufer beim Kauf äußerlich wahrnehmen kann, eine spätere Reklamation ausschließen. Bei verborgenen Mängeln und Fehlern dagegen hängt es von der Kulanz des Züchters ab, inwieweit dem Schaden eine »angemessene« Wiedergutmachung folgt. Ein weiterer Grund also, Hunde nur beim Züchter zu kaufen, der in diesen Fällen darauf bedacht sein wird, daß sein guter Ruf und Name erhalten bleibt.

## Hundesteuer

Die Hundesteuer ist eine Gemeindesteuer. Die Höhe richtet sich gewöhnlich nach der Größe der Ortschaft, in der man wohnt und seinen Hund angemeldet hat. Die Hundesteuerordnung sollten Sie aufmerksam lesen und Ihren Dackel gleich nach der Anschaffung registrieren lassen. Verschiedene Gemeinden geben Steuermarken aus, die am Halsband des Hundes befestigt werden. Hundezüchtern wird durch die Gemeinden eine Ermäßigung gewährt, Sie entrichten dann die sogenannte Zwingersteuer. In solchem Fall müssen Sie einen Nachweis erbringen – am besten durch Vorlage des Zwingerbuches –, daß Sie in jedem Jahr Welpen züchten. Beachten Sie die Anmelde- oder Antragsfristen, um solche Ermäßigungen zu erhalten, sonst sind Geldverluste unvermeidlich.

# Der Dackel und seine Umwelt

Im Straßenverkehr muß der Dackel von einer Person begleitet werden, die ausreichend Autorität hat, um auf ihn einzuwirken. Auf belebten und unruhigen Straßen sollte der Hund nie ohne Leine ausgeführt werden. Im Schadensfall, verursacht durch einen frei herumlaufenden Hund, ist der Halter nicht nur schadensersatzpflichtig, sondern er macht sich dadurch auch strafbar. Und wie schnell entstehen solche Situationen! Ein Hund läuft plötzlich über die Straße, einem Fahrrad- oder einem Motorradfahrer vor die Räder, dieser stürzt und erleidet körperliche Verletzungen, oder ein Autofahrer versucht einem Hund auszuweichen und verursacht dabei einen Verkehrsunfall … – die Verantwortung trägt immer der Hundehalter. Handeln Sie also verantwortungsbewußt und schließen Sie rechtzeitig eine Versicherung ab. Fast alle Versicherungen versichern Ihren Hund – und damit auch Sie – gegen alle unliebsamen Vorkommnisse.

# Die Unterkunft des Dackels

Wo wird der kleine Vierbeiner untergebracht? Diese Frage sollte man vor Anschaffung eines Dackels klären, da es verschiedene Möglichkeiten der Unterbringung gibt. Wird der Dackel im Freien gehalten, so müssen die Auflagen der Hundehaltungsordnung erfüllt sein. Sie verlangt eine trockene Hütte, die mit Doppelwänden aus isolierenden Luft- und Korkschichten versehen ist. Um eine Bodenfeuchtigkeit zu verhindern, sollte die Hütte auf Sockeln stehen. Durch Winkeleingänge wird ein Schutz vor Zugluft gewährleistet, während eingebaute Fenster die notwendige Helligkeit in die Behausung bringen sollen, um so dem Hund auch bei schlechtem Wetter ein artgerechtes Wohnen zu bieten. Der Auslauf muß ausreichend groß sein und den Einfall von Sonnenstrahlen ermöglichen, da der Dackel, wie auch der Mensch, zur Bildung bzw. Entfaltung von Vitamin D ultraviolette Strahlen braucht, damit sich seine Knochensubstanz festigt.

Im Haus bevorzugt der Dackel Hundekörbe, in die er sich zur ungestörten Ruhe zurückziehen kann. Doppelstöckige Hundekörbe bieten unserem kleinen Hausgenossen die Möglichkeit, das Geschehen um ihn herum noch besser zu beobachten. Als Unterlage sollte immer ein Kissen oder eine leicht zu reinigende Decke dienen. Gelegentliches Aussprühen mit Insektiziden beugt dem Ungezieferbefall vor.

# *In der Ferienzeit*

Die Urlaubszeit rückt näher und damit auch das Problem: »Was machen wir mit unserem Hund?« Niemand läßt seinen Hund gern zurück, wenn es in den Urlaub geht. Lange und ausgedehnte Spaziergänge und sich einmal wieder »frischen Wind« um die Nase wehen zu lassen, das tut nicht nur dem Herrchen, sondern auch dem Hund gut. Viele Hotels haben sich in den letzten Jahren auf den Besuch von Gästen mit Hunden eingestellt. In den Seebädern des In- und Auslandes gibt es heutzutage sogar schon Hundestrände, wo Herr und Hund gemeinsam ihre Erholungszeit verbringen können. Auskünfte darüber geben europäische und deutsche Hotelführer, die auf »Ferien mit Hund« eingestellt sind und über alle Anschriften und Formalitäten verfügen.

Die meisten Urlauber mit Hund fahren mit dem *Auto* in den Urlaub. Die Fahrten sind mitunter recht lang. Daher sollte man immer etwas Wasser und einen Freßnapf für den Vierbeiner mitnehmen. Die Reise sollte der Hund nüchtern antreten, damit ein bei vielen Hunden auftretendes Unwohlsein mit eventuellem Erbrechen verhindert wird. Tabletten gegen die Reisekrankheit bekommt man beim Tierarzt oder in der Apotheke. Drei weitere Punkte, die man auf Autoreisen mit dem Dackel beachten sollte: Um bei starkem Bremsen zu vermeiden, daß der Hund von den hinteren Sitzen nach vorne geschleudert wird, ist es sicherer, ein Auffangnetz zwischen den Vorder- und Hintersitzen zu spannen. Lassen Sie Ihren kleinen Reisebegleiter niemals aus dem geöffneten Fenster schauen. Der scharfe Fahrtwind kann den Augen, der Nase und dem Gehör des Hundes schaden. Bei kleinen Pausen auf Rastplätzen empfiehlt es sich, den Hund anzuleinen, bevor der Wagen geöffnet wird. Zum einen, weil Ihr Dackel die Gegend nicht kennt, und zum anderen, weil herannahende Autofahrer an Rastplätzen nicht mit freilaufenden Hunden rechnen.

Wer seinen Hund auf einer *Bahnreise* mitnimmt, der muß eine Fahrkarte zum halben Preis zweiter Klasse lösen. Mit Einführung des neuen Preissystems hat die Bundesbahn dafür einen Höchstbetrag von DM 60.– festgesetzt. Das entspricht einem Preis für sechshundert Kilometer einfache Fahrt oder je dreihundert Kilometer Hin- und Rückfahrt. Darüber hinausgehende Kilometer werden nicht berechnet. Natürlich dürfen Sie Ihren Dackel mit in das Personenabteil nehmen. Auch im Schlafwagen ist für ihn Platz, solange Sie nicht mit Fremden die Kabine teilen müssen. Eine besonders preisgünstige Möglichkeit bietet die Mitnahme des Hundes in einem sicheren Transportbehälter im Gepäckwagen, wo Sie ihn selbst abgeben und am Zielort wieder in Empfang nehmen können. Es empfiehlt sich jedoch, genauere Auskünfte vor Reiseantritt am Informationsschalter der Deutschen Bundesbahn einzuholen.

Auf einer Reise mit dem *Flugzeug* dürfen Sie Ihren Hund nur dann mit in den Passagierraum nehmen, wenn das Gewicht einschließlich des Transportbehälters fünf Kilogramm nicht übersteigt. Innerhalb von Deutschland wird der so mitgeführte Hund als Reisegepäck angesehen, und er darf kostenlos mitfliegen. Nach West-Berlin und bei Auslandsflügen gelten andere Bestimmungen. Bis zum Abflug bleibt der Dackel in seinem Transportbehälter bei Ihnen. Dann wird er in den Frachtraum, der genauso klimatisiert ist wie der Passagierraum, gebracht. Der Flugpreis errechnet sich aus dem für Übergepäck pro Kilogramm festgelegten Preis. Manche Flugzeuge besitzen keine klimatisierten Gepäckräume. Sie lehnen deshalb die Beförderung von Hunden ab. Wenn Sie dennoch nicht auf Ihren Dackel verzichten wollen, so lassen Sie ihn mit einer Linienmaschine als Frachtgut nachkommen. Beachten Sie dabei die Einreisebestimmungen des jeweiligen Landes, und fügen Sie dem Frachtgut den Frachtbrief und den Impfpaß bei, der einen gültigen Tollwutimpfschutz bescheinigen muß. Bei langen Reisen sollte man das Bordpersonal über den vierbeinigen Fluggast informieren. So können Sie sichergehen, daß der Dackel bei Zwischenlandungen versorgt und verpflegt wird.

Auch auf einer *Schiffsreise* können Sie Ihren Dackel mitnehmen. Auf großen Passagierschiffen findet man eigene Hundedecks und natürlich auch Hundezwinger. Selbstverständlich sollte man sich vor jeder Reise erkundigen, ob man seinen Dackel mitnehmen kann. In Quarantäneländern muß der Hund bei Landausflügen an Bord bleiben.

Auf allen Reisen ist es ratsam, einen passenden Maulkorb für den Dackel mitzunehmen. Auch eine kleine Hundeapotheke, die Verbandszeug, Mittel gegen Durchfall, Reisetabletten und Wundpuder enthält, sollte man immer dabeihaben. Und um ganz sicherzugehen: Befestigen Sie am Halsband Ihres Hundes – gut sichtbar – sowohl Ihre Heimat- als auch Ihre Urlaubsadresse, für den Fall, daß Ihr Dackel einmal abhanden kommt.

Die Einreisebestimmungen sind in den einzelnen Ländern unterschiedlich. Die amtstierärztliche Bestätigung der Tollwutschutzimpfung, die mindestens einen Monat zurückliegen muß und höchstens zwölf Monate alt sein darf, ist in folgenden Ländern vorgeschrieben: Belgien, Bulgarien, DDR, Durchreise von und nach West-Berlin, Griechenland, Luxemburg, Marokko, Niederlande, Portugal, Rumänien, Sowjetunion, Tschechoslowakei, Ungarn und USA.

Folgende Länder fordern Quarantäne: Großbritannien und Irland sechs Monate, Finnland und Schweden vier Monate (und zwei Monate Hausquarantäne). In allen anderen Ländern genügt die gültige Tollwutschutzimpfung mit einem tierärztlichen Gesundheitsattest. Diese Bestimmungen können sich in den einzelnen Ländern kurzfristig ändern. Auskünfte über den zur Zeit gültigen Modus geben die Konsulate oder Botschaften der einzelnen Länder und Ihr Tierarzt.

Wenn der Dackel zu Hause bleiben muß, dann sind meist Verwandte oder Freunde die Retter in der Not. Haben Sie *Pflegeeltern* für Ihren Hund gefunden, so besuchen Sie – am besten mehrmals – vor Ihrem Reiseantritt diese Leute mit dem Dackel. Der Hund hat dann Gelegenheit, durch Schnuppern ersten Kontakt aufzunehmen und sich mit der Umgebung vertraut zu machen.

Seine »sieben Sachen« werden nun zusammengepackt: Der Schlafkorb, seine Decke, der Futternapf und die Trinkschale, das Spielzeug, die Leine, das Halsband mit Steuermarke und Tollwut-Impfplakette sind Utensilien, die der Dackel für sein Wohlergehen benötigt. In der Fremde bedeuten diese Dinge für ihn ein Stückchen Heimat. Vergessen Sie auch nicht, dem Hundegepäck eine Fütterungsanleitung oder – noch besser – einige Dosen auf Vorrat und ein paar Hundekuchen mitzugeben. Sie schützen damit Ihren Hund vor Verdauungsstörungen infolge von Futterumstellung. Und – die Urlaubsanschrift nicht vergessen, denn sie könnte im Falle einer Rückfrage benötigt werden.

Hat sich keiner aus dem Bekanntenkreis zur Urlaubsbetreuung gefunden, dann können Sie Ihren Dackel auch in einem *Tierheim* oder *Tierhotel* unterbringen. Da er hier mit anderen Vierbeinern zusammentreffen wird, muß ein gültiger Impfschutz gegen alle Infektionskrankheiten vorhanden und im Impfpaß bestätigt sein.

Vielleicht erklärt sich auch der Züchter des Dackels bereit, diesen für ein paar Tage zu sich zu nehmen. Mitunter interessiert sich gerade er für die Entwicklung des aus seiner Zucht stammenden Hundes, die er bei einer solchen Gelegenheit bestens studieren könnte.

# Die Entwicklungsphasen

Der bekannte Verhaltensforscher *Eberhard Trumler* unterteilt die Entwicklung des Welpen in folgende Perioden:

## Vegetative Phase (1.–2. Lebenswoche)

Obwohl der Welpe mit geschlossenen Augen und Ohren auf die Welt kommt, er also in der vegetativen Phase noch blind und ohne Gehör ist, findet er mit Hilfe seines Tastsinns die Zitzen seiner Mutter. Er umschließt mit seinem Mäulchen die Zitze und bringt durch das Abstemmen mit den Hinterpfoten und das Stoßen mit den Vorderpfoten gegen die Milchquelle den Milchfluß in Gang. Man spricht dabei vom Milchtritt des Welpen. Da man diese Verhaltensweisen auch dann findet, wenn der Dackelwelpe ohne seine Mutter aufwächst und er mit der Flasche großgezogen werden muß, kann man davon ausgehen, daß es sich beim Milchtritt um eine angeborene Verhaltensweise handelt. Die ersten Lautäußerungen gehören ebenfalls zu den Verhaltensweisen, die angeboren sind. Der Säugling meldet sich, wenn ihm etwas fehlt, z. B. die seinem Mäulchen entglittene Zitze oder die Körperwärme seiner Wurfgeschwister, mit leisem Fiepen bis hin zum auffordernden Schrei. Die Dackelmutter hört die Laute und ist sofort bemüht, Abhilfe zu schaffen. So sorgt sie unermüdlich für das Wohlergehen ihrer Kleinen.

## Die Übergangsphase (3. Lebenswoche)

In dieser Phase öffnen sich die äußeren Gehörgänge des Welpen. Das ermöglicht ihm, auf die vielfältigen Reize, die von seiner Umwelt auf ihn einströmen, zu reagieren. Zu gleicher Zeit entwickelt sich auch der Geruchssinn, so daß durch Beschnuppern der Geschwister der erste Kontakt vertieft werden kann. Mit heftigem Schwanzwedeln verleiht der Welpe nun seiner freudigen Erregung Ausdruck, und der Trieb, das Lager zu verlassen, führt dazu, daß der junge Hund die Erforschung seiner Umwelt aktiv in Angriff nimmt. In dieser Lebensphase kümmert sich die Hündin wesentlich weniger um ihren Wurf. Normalerweise übernimmt nun der Rüde die Aufsicht über seinen Nachwuchs. Im spielerischen Umgang mit ihm erlernen die Welpen Verhaltensweisen, wie z. B. das Sich-auf-den-Rücken-Werfen als Unterwürfigkeitsgeste, die sie auf das Leben außerhalb des Wurflagers vorbereiten. Doch für gewöhnlich wachsen die Welpen in einer Dackelzucht ohne Einfluß des Rüden auf. Deshalb sollte in dieser Zeit der intensive Kontakt zwischen Mensch und Hund einsetzen. Frühzeitig muß der Hund an den Menschen gewöhnt werden, da die Trennung von den Hundeeltern bald bevorsteht. Mit liebevollem Streicheln und ruhigem Zureden entsteht schon bald eine Basis für gegenseitiges Vertrauen.

## Prägungsphase (4.–7. Lebenswoche)

Das Gebiß der Welpen entwickelt sich sehr schnell. Die jungen Hunde versuchen nun in zunehmendem Maße, kleinere Brocken von der Nahrung ihrer Mutter zu ergattern, um die kleinen Fleischstückchen dann selbst zu fressen. Die Hündin säugt ihre Kleinen zwar noch, doch sie zieht sich, von den spitzen Zähnen der Welpen immer stärker belästigt, nach und nach zurück. Da sich in dieser Zeit Verhaltensmuster entwickeln und festigen, kann alles, was in der Phase dem Welpen nicht vermittelt wird, später nur sehr schwer nachgeholt werden. Den einsetzenden Lerntrieb des Welpen sollte der Mensch, der zum »Artgenossen« des Welpen wird, nutzen. Der junge Hund wird auf den Menschen geprägt, die bestehende Vertrauensbasis zwischen Mensch und Hund erhöht die Lernbereitschaft des jungen Tieres. Für die Erziehung zur Stubenreinheit ist es jetzt die beste Zeit.

Der junge Dackel lernt, während er spielt. Sowohl für den Erzieher als auch für den jungen Dackel beginnt nun eine ausgelassene, fröhliche Zeit, die der Mensch mit sehr viel Geschick für die Vermittlung von Erziehungszielen nutzen kann.

Da der Welpe aber erst im Alter von neun bis zehn Wochen seinen eigentlichen Besitzer kennenlernt, muß der Züchter diese vorbereitende Aufgabe gewissenhaft erfüllen. Hat der Welpe in der Prägungsphase einen positiven und liebevollen Kontakt zum Menschen erfahren, so wird ihm der spätere Besitzerwechsel nicht schwerfallen.

## Sozialisierungsphase (8.–12. Lebenswoche)

Der wichtigste Aspekt dieser Phase ist die Einordnung des Welpen in die Gemeinschaft – zum einen in die Familiengemeinschaft mit seinen Geschwistern und seiner Mutter, zum anderen in die Lebensgemeinschaft mit dem Menschen. Solange der junge Hund in seiner Hundefamilie mit seinen Geschwistern und seiner Mutter zusammenlebt, ist er ständig Rivalitätskämpfen ausgesetzt. Sowohl sein Futter, sein Spielzeug, die Bürste als auch seinen Lieblingslappen muß er ständig verteidigen. Der Kampf zwischen den einzelnen Hundefamilienmitgliedern um die »Besitztümer« wird mit der Zeit immer intensiver und härter, wobei gewisse

Rangordnungsprivilegien deutlich werden. In der Natur hat der Rüde das letzte Wort, wenn sein Nachwuchs sich streitet. Wo er fehlt, muß der Mensch eingreifen und sowohl Lob als auch Tadel aussprechen. Bei Übertretung von Verboten gibt es eine sehr effektive Art zu strafen: Fassen Sie den Welpen im Nacken und schütteln Sie ihn sanft, so würde es der Rüde auch tun.

Doch nach Möglichkeit sollte man Bestrafungen umgehen: Der Dackel braucht sehr viel Lob und viele, sehr viele Streicheleinheiten. Von dem Verhalten des Menschen zu seinem Hund ist es abhängig, ob der Hund seinen Besitzer später als »Rudelführer« akzeptiert oder ob er versuchen wird zu dominieren. Gehorsamsübungen sind in der Phase demnach unerläßlich, will man nicht zum Sklaven seines Hundes werden. Beendet ist diese Zeit der möglichen Prägung mit dem Ende der nun folgenden Rangordnungsphase.

## *Rangordnungsphase (13.–24. Lebenswoche)*

Sollten Sie es bis zu diesem Zeitpunkt versäumt oder nicht geschafft haben, Ihrem Dackel zu zeigen, daß Sie die Autoritätsperson sind, nach der er sich zu richten hat, dann müssen Sie auf jeden Fall mit späteren Problemen rechnen. Zum Beispiel auf Spaziergängen – um nur ein Beispiel zu nennen –, wenn Ihr Hund in der Ferne einen Artgenossen entdeckt, Ihre Befehle mißachtet und davonstürmt.

Man tut einem jungen Hund nichts Gutes, wenn man ihm bedingungslos freien Lauf läßt. Der heranwachsende Dachshund braucht eine starke Hand, da er in der Rangordnungsphase versuchen wird, seinen Kopf durchzusetzen. Dabei überhört er Kommandos, ignoriert Befehle und hofft dadurch Oberhand zu gewinnen. Man sollte dabei immer bedenken: Ein Hund, der nicht folgt, lebt nicht nur gefährlich, er stellt auch eine Gefahr für seine Umwelt dar.

## *Pubertätsphase (7.–15. Lebensmonat)*

Wenn der Hund in die Flegeljahre kommt, dann steht Ihnen eine stürmische Zeit bevor, denn mit dem Einsetzen der Geschlechtsreife – Rüden heben erstmalig ihr Bein, bei Hündinnen kommt es zu der ersten Läufigkeit – gehen in dem Hund große Veränderungen vor. Der Dackel ist nun erwachsen, und er könnte, wenn der Mensch ihn nicht daran hindern würde, eine eigene Familie gründen. Es entsteht für ihn, der gerne »will«, aber nicht »darf«, ein Konflikt, da sein Tatendrang von dem aufgeklärten Menschen unterbunden wird, der um das Zuchtverbot des Deutschen Teckelklubs für Rüden und Hündinnen bis zum vollendeten 15. Lebensmonat weiß. Begegnen Sie Ihrem Hund in dieser Zeit mit viel Verständnis, das heißt, freuen Sie sich darüber, wenn der Hund Ihre Nähe sucht, und lassen Sie ihm seinen Frieden, wenn er alleine sein möchte. Erst nach Abschluß dieser Phase wird Sie Ihr Hund uneingeschränkt als »Rudelführer« anerkennen, vorausgesetzt, Sie haben Ihre Erziehungschancen in allen Phasen genutzt.

# *Die Erziehung des Dackels*

Wer möchte ihn nicht haben, den gut erzogenen, folgsamen Dackel?! Viele Leute behaupten, der Dackel sei ein eigenwilliger und dickköpfiger Hund und aus diesem Grund nur sehr schwer zu erziehen. Doch das stimmt so nicht. Man kann davon ausgehen, daß ein unfolgsamer Dackel sehr wahrscheinlich eine schlechte Erziehung genossen hat. Folgsamkeit ist das Produkt einer guten Erziehung – und für diese ist einzig und allein der Hundebesitzer verantwortlich.

Wann beginnt die Erziehung bei einem Hund? Eigentlich bereits zu dem Zeitpunkt, an dem sich der Welpe noch bei seiner Mutter und seinen Geschwistern befindet. Das Lernen erfolgt im Spiel und im Umgang mit der Hundefamilie. Der Welpe lernt dabei, sich unterzuordnen, aber auch seine Behauptung über die Geschwister. Im spielerischen Kampf verspürt er den ersten Schmerz, den er vorweg mit einem Aufschrei und einem anschließenden Kampfgebaren seinerseits quittieren wird. Erst wenn die Welpen zugefüttert werden und die Hündin sich nicht mehr an der Sauberhaltung der Welpen beteiligt, beginnt die Erziehung durch den Züchter. Jedesmal nach dem Fressen werden die Kleinen – möglicherweise in einem Behältnis – nach draußen gebracht, d.h. auf Rasen oder Erde gesetzt. Sehr rasch verbinden die Welpen die neue, erdbraune oder grasgrüne Umgebung mit dem Gefühl, daß von ihnen nun – hier und jetzt – etwas verlangt wird, zum Beispiel ein Bächlein oder ein Häufchen. Dieses Vorgehen ist die notwendige Grundlage zur späteren Stubenreinheit. Beim neuen Herrn sollte diese Erziehung konsequent fortgesetzt werden. Nach jedem Futter – und natürlich auch zwischendurch mehrere Male – sollte man den Welpen auf Rasen setzen. Anfangs leisten hierbei ein Korb oder eine Tasche gute Dienste, um den lebhaften Welpen nach draußen zu transportieren. Kommt es jedoch vor, daß der Welpe in die Wohnung macht, sollte man nicht mit lautem Schimpfen oder wütenden Drohgebärden auf den kleinen Kerl losgehen. Sicherlich sollte der kleine Hund spüren, daß wir mit seinem Verhalten nicht einverstanden sind, ein leichter Klaps oder eine etwas lautstärkere Drohung ist jedoch völlig ausreichend. Auf keinen Fall sollten Sie die so oft als wirksam beschriebene Methode anwenden, die empfiehlt, den Welpen mit der Schnauze in seine Exkremente zu drücken, um dadurch strafend auf sein Verfehlen hinzuweisen. Solch abwegiges Verhalten traut man einem Hundefreund kaum zu, jedoch soll so etwas schon vorgekommen sein.

Sicher, die Erziehung des Dackels zur Stubenreinheit verlangt konsequente Beobachtung des Hundes und ist mit nervlichen Anstrengungen verbunden. Doch lieber am Anfang etwas mehr Zeit opfern, als hinterher einen erwachsenen Hund zu haben, der sich ständig in

der Wohnung löst. Stubenreinheit kann man also nur durch Gewöhnung erzielen. Ermahnungen oder Befehle sind völlig fehl am Platz. Wer von Anfang an konsequent ist und seinen Hund gut beobachtet, wird bald positive Resultate zur Kenntnis nehmen können. Ganz wichtig ist zur Erreichung dieses Erfolges das Lob des Hundes durch sein Herrchen oder Frauchen, wenn er sich an der richtigen Stelle gelöst hat.

Der Dackel lernt in jungen Jahren viel einfacher und problemloser als im Erwachsenenalter. Darum also nochmals der Hinweis und die Empfehlung an jeden Hundebesitzer, rechtzeitig die Chance zu nutzen und noch im Spielalter mit der Erziehung des Hundes zu beginnen.

Zunächst sollte man sich überlegen, was man von seinem Hund erwartet. Soll er als Haushund gehalten werden oder erwartet man von ihm später einmal jagdliche Betätigung und Leistung? Häufig halten viele Dackelbesitzer ihren Hund erst einmal als »Nur-Haushund«. Erst später, nachdem die jagdliche Passion Ihres Dackels offensichtlich wird, beschließt man dann, an Übungskursen des örtlichen Dackelklubs teilzunehmen. In dieser Gemeinschaft kann man seinem Dackel dann Sachen beibringen, die man bis dahin gar nicht für möglich gehalten hätte. Sicherlich ist eine vorherige, gründliche Allgemeinerziehung die Grundlage für die Teilnahme an solchen Übungskursen. Verbauen Sie sich also nicht durch eine nachlässige Erziehung die Möglichkeit, Ihren Dackel später einmal jagdlich einzusetzen.

Weiterhin gehören zu einer soliden Erziehung »Gehorsam« und »Leinenführigkeit«. Die Leinenführigkeit stellt einen Teil der Gehorsamsübungen dar. Ganz gleich, ob Sie ein Stadtmensch sind oder in der Natur leben, Ihr Dackel sollte unbedingt leinenführig sein. Er muß lernen, an der linken Seite seines Herrn zu gehen, und zwar so, daß er mit seiner Nase immer in Höhe der linken Ferse seines Herrchens oder Frauchens ist. Verhindern Sie, daß er vorprescht und dabei in Führung geht. Am besten läßt sich die Leinenführigkeit im Wald mit eng nebeneinander stehenden Baumstämmen üben. Gehen Sie dabei rechts an den Stämmen vorbei, und zwar so dicht, daß zwischen Ihnen als

Führer und Ihrem Hund nur ganz wenig Platz bleibt. Anfänglich wird der Dackel versuchen, links vom Baum weiterzulaufen, woran ihn jedoch die Leine und die Baumstämme hindern werden. Mit viel Geduld wird er immer wieder auf den richtigen Weg gebracht, denn er muß eben lernen, mit seinem Herrn rechts an den Stämmen vorbeizugehen. Natürlich müssen solche Übungen mehrmals durchgeführt werden, doch bald gibt es keine Schwierigkeiten mehr, und sowohl Dackel als auch Herrchen haben einen guten Schritt vorwärts in der Erziehung getan. Natürlich kann man diese Übung auch an Laternenpfählen durchführen, und später sollte sie durchaus in der Stadt, unter Menschen, permanent wiederholt werden.

Schnell begreift der Dackel, daß die Leine in seinem Leben eine wichtige Rolle spielt. Er wird sich nicht lange dagegen sträuben, wenn man versucht, ihm sein Halsband und die Leine anzulegen. Er weiß bald, daß es sich hierbei um den Auftakt zu einem seiner vielgeliebten Spaziergänge handelt, und wenn dieser Weg dann auch noch in den Wald führt, dann ist der Dackel so richtig rundum glücklich.

Hier, im Wald, hat man dann auch die richtige Umgebung für die nächste Gehorsamsübung: Legen Sie einen mitgenommenen Rucksack oder ein Kleidungsstück von Ihnen (z. B. alte Jacke, Pullover etc.) auf den Waldboden, und lassen Sie Ihren Dackel darauf Platz nehmen. Vorsichtshalber sollten Sie anfangs den Hund an einem Baum festbinden, was jedoch nach einiger Übung entfallen kann. Entfernen Sie sich daraufhin aus dem Gesichtsfeld des Hundes. Wenn Sie mit einigen wenigen Minuten anfangen und an den folgenden Tagen die Intervalle immer weiter ausdehnen, dann dauert es gar nicht lange, bis der Dackel, der ja gelernt hat, daß Herrchen immer wieder zu ihm zurückkehrt, gehorsam seinen Platz – auch unangeleint – auf dem ihm anvertrauten Gegenstand beibehält. Belohnen Sie den Gehorsam und das entgegengebrachte Vertrauen Ihres Hundes immer mit lobenden Worten und einem kleinen Leckerbissen.

Lob und damit Bekräftigung gehören zu einer Erziehung wie Konsequenz und Ausdauer.

Das Apportieren kann man einem Hund schon recht früh beibringen. Es gibt bestimmt eine Reihe von Spielzeugen, die Ihrem Dackel lieb geworden sind, denken Sie nur an den Tennisball oder den Gummiigel, die, wenn sie fortgeworfen werden, den Hund zum Hinterherlaufen und Zurückbringen reizen. Damit wird im Spiel die Apportierfreudigkeit gefördert. Natürlich will der Dakkel den Gegenstand nicht sofort wieder hergeben, aber nach einigem Zerren läßt er unter dem Kommando »Aus« den Gegenstand fallen und erwartet eine Fortsetzung des Spieles »Werfen – Holen«. Die Kommandos »Apport« beim Holen und »Aus« beim Abgeben sollten jedoch bei jeder Wiederholung des Spieles konsequent beibehalten werden.

Folgsame Rückkehr zum Herrchen auf Kommando bringt man dem Dackel am besten im Freien an einer langen Leine bei. Man läßt den Hund seine Nase gebrauchen, so daß er sich vom Herrn einige Meter entfernt. Mit dem Kommando »Hierher« – durch ein langgezogenes »Hiiiier« unterstützt –, durch einen leichten Ruck an der Leine und ein langsames Einholen derselben, fordert man den Hund auf, an die Seite des Herrn zurückzukehren. Diese Übung kann auch mit gleichzeitigem Gebrauch einer Hundepfeife vorgenommen werden. Diese Folgsamsübung nimmt viel Zeit in Anspruch, bis sich der gewünschte Erfolg einstellt. Doch dafür ist das Erfolgserlebnis um so größer, wenn der Dackel ohne Leinenzwang an die Seite seines Herrn – nur auf dessen Kommando – zurückkehrt.

Auch in der Wohnung sollte jede Möglichkeit zur Erziehung genutzt werden. Das Betteln des Hundes am Tisch kann nur dann unterbunden werden, wenn beim Essen keine Häppchen, auch nicht »versehentlich«, unter den Tisch fallen. Hier ist größte Konsequenz angebracht. Wer einmal dem Dackel eine Käserinde oder ein Wurststückchen zusteckt, der ermutigt diesen zu weiteren Versuchen, durch Betteln an die lukullischen Genüsse heranzukommen. Besser ist es, den kleinen Hausgenossen zu den Essenszeiten der Familie mit dem Kommando »Geh ins Körbchen« oder »Geh auf deinen Platz« auf seinen Platz zu verweisen. Man sollte dem Dakkel auch beibringen, tagsüber seinen Schlafplatz aufzusuchen, damit die Hausfrau ungehindert arbeiten, z. B. die Wohnung fegen kann, ohne daß der Dackel seinem Spieltrieb nachgeht und diese Arbeit durch Angriffe auf Besen und Staubsauger aufhält. Abends, z. B. vor dem Fernseher, sollten die Plätze eindeutig und unmißverständlich verteilt sein. Ein Dackel hat nun mal kein Anrecht auf den bequemen Fernsehsessel von Herrchen und Frauchen. Es ist ausreichend, wenn sein Körbchen zwischen die beiden von seinen Rudelführern belegten Plätze gestellt wird. Auch so ist der Dackel mitten im Geschehen, ohne zu stören. Natürlich fällt eine konsequente Durchführung bei dem Blick in die treuen Dackelaugen recht schwer – doch bleiben Sie hart.

Ihr Dackel wird ein konsequentes Zurückweisen in seine Schranken letztendlich dankbar akzeptieren. Es gibt doch so viele Möglichkeiten, dem Dakkel seine Freiheit zu gewähren, in denen er mit seinem Spieltrieb dem rassebedingten Selbstbewußtsein nachgehen kann. Doch eines sollte der Dackel bis dahin gelernt haben: Befehle gibt immer nur einer – der Mensch! Nur dadurch kann eine Übereinstimmung zwischen Hund und Mensch entstehen, die in und während der Ausbildung ihre Früchte trägt. Und bei einer konsequenten Erziehung wird Ihr Hund bald zu den Dackeln gehören, denen man eine Dickköpfigkeit oder einen »typischen Ungehorsam« *nicht* nachsagen kann.

## *Erziehungs- und Ausbildungsrichtlinien*

- Eine konsequent durchgeführte Erziehung erleichtert das Zusammenleben zwischen Mensch und Hund.
- Je früher man mit der Erziehung beginnt, desto besser für den Hund. Der Hund lernt in jungen Jahren, z. B. im Spiel, Dinge, deren Erlernung ihm im Erwachsenenalter wesentlich schwererfallen würde.
- Nutzen Sie den jugendlichen Spieltrieb des Hundes zur Vermittlung Ihrer Erziehungsziele.
- Begegnen Sie Ihrem Dackel mit einer gewissen Autorität und Konsequenz, die ihm zu verstehen gibt, daß Sie der Rudelführer sind und aus diesem Grund bestimmen, was getan werden soll.
- Der Ausbildung eines Dackels geht eine gute Erziehung voraus.
- Geduld sollte jede Ausbildung bestimmen. Gehen Sie in der Erziehung und Ausbildung Ihres Dackels schrittweise vor, und wiederholen Sie Lern- und Übungsphasen so oft wie möglich und so oft wie nötig.
- Mit Lob und anerkennenden Worten motivieren Sie Ihren Hund zum Weitermachen und zur Verinnerlichung der durchgeführten Übung.
- Bedenken Sie, daß dem Dackel die Einsicht für Sinn und Zweck der zu erlernenden Übung fehlt. Der Hund handelt instinktiv, wobei Lob und regelmäßiges Wiederholen einzelner Übungen zu einer Festigung derselben führt, so daß der Hund gehorsam die Dinge tut, die Sie von ihm verlangen.
- Die gegebenen Kommandos müssen klar und deutlich sein. Das einmal für eine bestimmte Übung gewählte Kommando muß konsequent beibehalten werden.
- Strafen – Schlagen mit Peitsche oder Leine – sind für den Hund unzumutbar. Ein drohend erhobener Zeigefinger und eine mit erhobener Stimme ausgesprochene Verwarnung erübrigen jede gewalttätige Strafaktion.
- Lassen Sie Ihren Dackel jagdliche Übungen absolvieren und seine angewölfte Jagdpassion entfalten, auch wenn Sie kein Jäger sind.

# Die Ernährung

Wenn Sie Ihren Dackel richtig ernähren, wird er Ihnen das mit einem glänzenden Fell, mit sichtbarem Wohlergehen und mit einer hohen Lebenserwartung danken. Man sollte bei der Fütterung des Dackels folgendes beachten:

## Regelmäßigkeit der Fütterung

Füttern Sie den Welpen anfänglich nach dem Fütterungsplan, den der Züchter vorgegeben hat. Ab der neunten Lebenswoche erhält der Welpe dann dreimal täglich sein Futter. Ist mit Beginn des siebten Lebensmonats der Zahnwechsel abgeschlossen, so reduziert man die Anzahl der Fütterungen auf zwei Mahlzeiten pro Tag. Dabei ist die Tageszeit, wann der Dackel sein Fressen erhält, nicht entscheidend. Es gilt der Grundsatz: Immer zur gleichen Zeit füttern! Zum einen trägt dies zur Gesunderhaltung des Dackels bei, zum anderen wird dadurch erreicht, daß der Hund immer geduldig auf seine Mahlzeiten wartet und dabei nicht bettelt. Ab dem neunten Monat können Sie dann dazu übergehen, den Hund nur einmal am Tag zu füttern. Das Beibehalten der zweimaligen Fütterung, die zwar umständlicher ist, aber einer eventuellen Magendehnung beim Dackel vorbeugt, ist jedoch eher zu empfehlen.

Es gibt Züchter, die einmal pro Woche einen Hungertag befürworten. Dagegen gibt es im Prinzip nichts einzuwenden, es sollte jedoch darauf geachtet werden, daß dem Hund auch in dieser Zeit die notwendige Menge an Vitaminen und Spurenelementen zugeführt wird.

## Das Futter

Für *Welpen* werden im Fachhandel die verschiedensten Futtermischungen angeboten. Wenn man auf das bequeme und hinsichtlich der notwendigen Vitamine abgestimmte Fertigfutter nicht zurückgreifen will, sollte man für den Welpen nur frische Nahrung aus Rindfleisch, Flocken, Reis und geriebenen Mohrrüben zubereiten.

Und womit füttert man den *ausgewachsenen Dackel?*

Leider herrscht bei der Beantwortung dieser Frage keine Einigkeit, da die Hundehalter verschiedene Ansichten haben. Die einen bevorzugen Trockennahrung, die anderen nehmen Fertigfutter aus der Dose, während dritte selbst zubereitete Nahrung aus Frischfleisch, Gemüse und Haferflocken füttern. Die Industrie, die heute sehr ausgewogene Fertignahrung für Hunde anbietet, sorgt mit ihrem Angebot für Abwechslung im Hundespeiseplan. Auch kann man dazu übergehen, Dosenfutter mit Frischfleisch zu mischen. Reichern Sie diese Mischung durch Zusätze wie geriebene Möhren, rohe Äpfel, gemahlenes Hirschhorn oder gemahlene Kürbiskerne (verdauungsfördernd) an. In welchen Nahrungsmitteln Sie die für den Hund wichtigen Vitamine finden und was deren Fütterung bewirkt, zeigt die folgende Vitamintabelle:

| *Vitamin* | *vorhanden in* | *Wirkung* |
|---|---|---|
| A | Mais, Möhren, Spinat | Am Sehvorgang maßgeblich beteiligt; fördert Wachstum jugendlicher Tiere. Begünstigt Bildung von Samenzellen. |
| $B_1$ | Gemüse, Getreide, Hefe, Herz, Kleie, Leber, Milch | Fördert Nerven- und Herztätigkeit und den Abbau der mit der Nahrung aufgenommenen Kohlehydrate. |
| $B_2$ | Fisch, Fleisch, Hefe, Leber, Milch, Pflanzen | Förderung des Wachstums und der Stoffwechselvorgänge. |
| C | Hagebutten, rohe Kartoffeln, Petersilie, Spinat | Steigerung der Abwehrkräfte des Körpers; wird vom Hund in der Leber selbst aufgebaut. In der Trächtigkeit vermehrter Bedarf. |
| D | Butter, Eidotter, Fischlebertran, Hefe, Leber, Milch, Pilze | Förderung des Mineralstoffwechsels und Knochenaufbaus. Wirkt vorbeugend gegen Rachitis. |
| E | Erdnußöl, Getreidekeimlinge, Grünpflanzen, Kokosöl | Fördert die Stoffwechseltätigkeit und die Fortpflanzungsfähigkeit, begünstigt die Milchbildung und Funktionen innerer Drüsen (Altersschutzvitamin). |

Eine ausgewogene Ernährung hält Ihren Dackel gesund und fit. Damit das immer so bleibt, sollten Sie auf jeden Fall ein paar Dinge von dem Hundespeiseplan streichen (s. Tafel S. 62).

Flüssigkeit nimmt der Hund nur bei Bedarf zu sich. Bei Nahrung mit normaler Feuchtigkeit ist bei dem Hund kaum ein Durstgefühl vorhanden. Trotzdem sollte ein Napf mit frischem Wasser für den

Hund jederzeit erreichbar sein. Bedenken Sie, daß der Hund bei der Fütterung von Trockenfutter, nach übermäßiger Anstrengung, bei sommerlichen Temperaturen, aber auch bei überheizten Räumen im Winter unter stärkerem Durst leidet. Da bei älteren Hunden in der Regel ab dem siebten/achten Lebensjahr die Nierenfunktionen nachlassen, brauchen die Tiere in diesem Alter eine erhöhte Flüssigkeitszufuhr.

Vermeiden Sie das Füttern von:
- Eiklar im rohen Zustand
- rohem Schweinefleisch (Gefahr der Aujeszkyschen Krankheit, die bei jedem Hund tödlich verläuft)
- salzhaltigen und stark gewürzten Essensresten
- Geflügelknochen
- gekochten Kartoffeln

### Futtermenge

Die Futtermenge, die man einem Hund am Tag geben sollte, ist von Hund zu Hund verschieden. Es gibt eine Richtlinie, an der man sich orientieren kann: Der Dackel benötigt pro Tag ca. 40 Gramm Futter pro Kilogramm Körpergewicht. Sinnvoll ist es, dem Dackel den Napf fortzunehmen, sobald er sich erstmalig von diesem beim Fressen entfernt, da er im zweiten Anlauf aus Gier mehr frißt, als unbedingt zur Stillung seines Hungergefühls notwendig ist.

Die Ernährung des Dackels wirkt sich auf die Lebensdauer des Tieres aus. Schlanke, wohlernährte und körperlich beanspruchte Hunde haben molligen Tieren, die ihre Körperfülle meist einer unsachgemäßen Ernährung verdanken, einiges an Ausdauer, Zähigkeit und Bewegungsfreude voraus. Eine gesunde Ernährung führt dazu, daß der Hund ein beschwerdefreies, hohes Alter erreicht.

## Die tägliche Pflege

Das Fell des Dachshundes bedarf einer täglichen Pflege, die regelmäßig durchgeführt werden sollte und die nicht nur die Haarpflege, sondern auch das Reinigen von Augen, Ohren, Zähnen sowie der Geschlechtsorgane und des Afters umfaßt.

Das Bürsten des Fells – Langhaardackel sollten zusätzlich noch gekämmt werden – regt nicht nur die Blutzirkulation an, es steigert auch das Wohlbefinden unseres vierbeinigen Freundes. Wenn man diese Fellbehandlung gewissenhaft durchführt, kann man sich das Baden des Hundes sparen, das sowieso nicht öfter als zweimal im Jahr stattfinden sollte, da bei diesem Waschvorgang dem Hund aus seiner Haut unnötig viel Fett entzogen wird. Für den Fall, daß ein Bad unumgänglich geworden ist, empfiehlt es sich, dafür ein speziell für Hunde entwickeltes Shampoo, das rückfettend wirkt, zu verwenden.

Die Augenwinkel des Dackels müssen jeden Morgen mit einem Wattebausch gereinigt werden, den man vorher leicht anfeuchten sollte.

Das Reinigen der Ohren ist nur einmal wöchentlich erforderlich; ein trockenes Wattestäbchen leistet hierbei gute Dienste. Eine erhöhte Ohrenschmalzproduktion, der mit der normalen Ohrenpflege nicht beizukommen ist, kündigt der Hund durch Kratzen an den Behängen und Schütteln des Kopfes an. Suchen Sie in solchen Fällen den Tierarzt auf, da nur er – unter Zuhilfenahme eines Otoskops – feststellen kann, ob sich in dem Hundeohr Grannen oder sonstige Fremdkörper befinden, die mit speziellen Instrumenten entfernt werden müssen. Er wird Ihnen dann auch für den Hund ein Mittel zur Linderung des Juckreizes mit auf den Weg geben.

Für die Pflege der Zähne benötigt man eine Zahnbürste; Kauknochen und Hundekuchen können jedoch die Bildung von Zahnstein (s. a. S. 75) erheblich einschränken. Die Zahnpflege sollte einmal wöchentlich vorgenommen werden.

Die Öffnungen der Geschlechtsteile wie auch der After sind mit Wasser abzuwaschen und auf diese Weise sauberzuhalten. Bei Rauhhaar- und Langhaardackeln ist es mitunter notwendig, das den After umgebende Haar gründlich zu säubern.

Scheuen Sie diese kleinen Notwendigkeiten nicht, denn ohne dieses Pflege-Einmaleins fühlt sich Ihr Hund nur halb so wohl!

# Der kranke Dackel

## Angeborene Fehler

Wenn von »typischen« Dackelkrankheiten die Rede ist, dann sind damit die Erkrankungen gemeint, die genetisch bedingt sind, d. h. die an nachfolgende Generationen weitergegeben werden. Hunde, die unter folgenden Krankheiten leiden, gehören sofort in die Behandlung eines Tierarztes. Die erkrankten Tiere sind von der Zucht auszuschließen.

### Acanthosis nigricans (Schwarzwucherhaut)

ist eine Hauterkrankung, die mit einer gesteigerten und krankhaft veränderten Absonderung der Talgdrüsen einhergeht und zu einer Verdickung, Faltenbildung und schwarzer Verfärbung der Haut an den Innenschenkeln, der Achselhöhle, der Brust und der Bauchhaut führt. Hauptsächlich sind Kurzhaardackel von dieser Erkrankung betroffen. Man nimmt als Ursache eine

Störung mehrerer Drüsen (multiglanduläre Störung) mit Beteiligung der Schilddrüse und der Nebennierenrinde an.

*Teckellähme (südd. Dackellähme) oder Diskopathie*

Sie ist die bekannteste und zugleich gefürchtetste Krankheit des Dackels. Sie tritt meist im Alter von fünf bis sieben Jahren auf. Doch erste Anzeichen können auch zu einem früheren oder späteren Zeitpunkt festgestellt werden. Oftmals zeigt sich nur eine Verspannung der Rückenmuskulatur mit leichten Schmerzen nach einer plötzlichen, ungewohnten Bewegung. Wird von seiten des Tierarztes der Schmerz ausgeschaltet, verschwinden diese Verspannungen, und der Dackel fühlt sich wieder wohl. Manchmal tritt aber in wenigen Stunden eine Lähmung der Hinterhand ein. Die Hunde zeigen eine robbenartige Stellung der Hinterbeine, die sie förmlich hinter sich herziehen. Bei den ersten Anzeichen von Dackellähme sollte umgehend ein Tierarzt aufgesucht werden. Nur er kann entscheiden, ob eine Operation erforderlich ist oder ob Injektionen oder konservative Behandlungen die erwünschte Heilung bringen. Untersuchungen einer Schweizer Tierärztin, die über einen längeren Zeitraum hinweg über zweihundert Dackel auf Verkalkung der Zwischenwirbelscheiben untersuchte, ergaben, daß bei 49% der Dackel die Krankheit »Dackellähme« zum Ausbruch kam, bei denen man schon im frühen Alter – sie wurden nach Vollendung des ersten Lebensjahres erstmalig geröntgt – Verkalkungen der Zwischenwirbelscheiben festgestellt hatte; bei nur 13% der Hunde mit diesem frühen, krankhaften Erscheinungsbild kam es zu keiner Verschlimmerung des Krankheitsbildes. Die Hunde, die im Alter von einem Jahr – und auch zu späteren Zeitpunkten – keine Verkalkungen der Zwischenwirbelscheiben zeigten, blieben von der Dackellähme verschont. Man kann also schon recht frühzeitig erkennen, ob ein Dackel in Gefahr ist, an Dackellähme zu erkranken. An jeden Züchter deshalb den Rat, seine Hunde, mit denen er zu züchten beabsichtigt, rechtzeitig röntgenologisch untersuchen zu lassen.

Der Deutsche Teckelklub hat eine freiwillige Teilnahme an der Röntgenuntersuchung zur Früherkennung der Dackellähme eingeführt. Die Namen der Züchter und die ihrer Hunde, die ein einwandfreies Röntgenbild aufweisen, werden im Kluborgan veröffentlicht.

*Harnsteine (Cystinstein-Bildung)*

treten vornehmlich bei Rüden, unabhängig von der Haarart, auf. Trotz häufigen Harndrangs kann der Urin nur tröpfchenweise abgesetzt werden. Schon im Vorfeld der Krankheit gibt es Tests zur Früherkennung gefährdeter Hunde.

*PRA – Progressive Retina-Atrophie (Nachtblindheit)*

Es handelt sich hierbei um eine erblich bedingte Verödung der Netzhaut, dem Teil des Auges, der das Bild von außen empfängt und es an den Sehnerv weiterleitet. Der Verfall der Netzhaut tritt beim Dackel im Alter von ca. 1½ Jahren ein und führt allmählich zur totalen Erblindung. Es erkranken nur Hunde, deren beide Elternteile Genträger dieser erblichen Augenkrankheit sind. Da diese Erblindung beim Dackel häufiger vorkommt, als man bisher annahm, sollten Hundebesitzer, deren Hunde vorzeitig erblinden, ihre Beobachtungen den zuständigen Zuchtgremien mitteilen und die erkrankten Hunde Instituten zur Untersuchung und Diagnosestellung zuführen. Nur so kann in bestimmten Zuchtlinien der fortschreitenden Netzhauterkrankung durch Selektion bzw. Deckverbot Einhalt geboten werden. Die tierärztlichen Augenkliniken an den Universitäten Gießen und Utrecht sind mit dem Vorgehen vertraut und stehen den Hundebesitzern zur Verfügung.

# *Infektionskrankheiten*

Krankheiten, die durch Ansteckung übertragen werden, nennt man Infektionskrankheiten.

Dazu gehören sowohl die Erkrankungen, die durch Viren (z.B. Staupe, Tollwut etc.) als auch diejenigen, die durch Bakterien (z.B. Starrkrampf, Salmonellose etc.) hervorgerufen werden.

Nachstehend sind die am häufigsten auftretenden Infektionskrankheiten aufgeführt:

## *Staupe (Carrésche Krankheit)*

Wenn auch die Staupe mittlerweile ihren großen Schrecken früherer Jahre verloren hat, so soll davor gewarnt werden, den Impfschutz im Laufe der Lebensjahre eines Hundes zu vernachlässigen. Es hat sich in letzter Zeit gezeigt, daß ältere, nicht mit Wiederholungsimpfungen versorgte Dackel wieder an Staupe erkrankten. Zu einem späteren Zeitpunkt ist eine Behandlung recht schwierig, da gezielt nur im fieberhaften Anfangsstadium, das nur einige Stunden bis wenige Tage dauert, mit Serumgaben eine erfolgversprechende Therapie vorgenommen werden kann. Symptome dieses Anfangsstadiums, auch *Virusstadium* genannt, sind Appetitlosigkeit und Mattigkeit infolge des bis zu 41°C ansteigenden Fiebers. Nasenausfluß wäßriger Art, Entzündungen der Schleimhäute in den Augen, im Rachenraum und nicht zuletzt im Magen und Darm stellen sich ein. Gelegentlich beobachtet man Erbrechen. Nach einem bis zu siebentägigen, fieberfreien Intervall – nach Abklingen des hochfieberhaften Anfangsstadiums – folgt das *Sekundärstadium*. Infektionen mit Bakterien, die sich nach der anfänglichen Schwächung des Organismus im Virusstadium besonders ausbreiten konnten, sorgen für Fieberschübe, die in Intervallen verlaufen. Nun machen sich die verschiedensten Lokalerscheinungen bemerkbar:

Der Atmungstrakt läßt deutlich eine Bronchitis erkennen. Starker, eitriger oder schleimiger Nasenausfluß, Schwellung der Mandeln und Husten sind die Folgen. Magen und Darm werden angegriffen, es kommt zu Durchfall und zu mehr oder weniger starkem Erbrechen, das zu starker Abmagerung führt. Eine gezielte antibiotische Behandlung wird notwendig, wobei eine entsprechende Diät durchzuführen ist. Aber auch andere Krankheitserscheinungen können an den Nieren und den harnabführenden Wegen auftreten. Das Herz kann schwer in Mitleidenschaft gezogen werden, z.B. können sich Entzündungen am Herzmuskel und am Herzbeutel einstellen, die zur Herzschwächung (Herzinsuffizienz) führen. Die Augen können mit Lidbindehautentzündung (Konjunktivitis) und Hornhautentzündungen bis hin zu Geschwüren reagieren. Die Gehörgänge zeigen mitunter schwere, eitrige Entzündungen. An das scheinbar ausgeheilte Sekundärstadium kann sich noch ein drittes *Nervöses Stadium* anschließen. Ein gesteigerter Appetit, verschleierter Blick und rhythmische Zuckungen der Kopfmuskulatur sind die ersten Anzeichen, die sich zu regelmäßigen Krämpfen des gesamten Körpers, Lähmungserscheinungen oder unkoordinierten Bewegungsabläufen ausdehnen können. In den meisten Fällen tritt der Tod ein, oder es muß eine Nottötung vorgenommen werden.

*Hartballenkrankheit*

Die Hartballenkrankheit ist eine sehr gefährliche abgewandelte Form der Staupe. Der Verlauf ist schneller und bösartiger. Die Symptome gleichen denen der Staupe (s. S. 65 f.), wobei die fieberfreie Zwischenzeit fehlt. Zusätzlich kommt es in der zweiten Krankheitswoche zu Verhornungen der Ballen und manchmal auch des Nasenspiegels. Diese Krankheitsform tritt nicht so häufig auf wie die Staupe; ihre Sterblichkeitsrate liegt jedoch wesentlich höher. Die Inkubationszeit – Zeit zwischen Ansteckung und Ausbruch der Krankheit – beträgt, wie bei der Staupe, drei bis sechs Tage.

*Tollwut (Lyssa)*

Erste Krankheitserscheinungen zeigen sich in einer Verhaltensänderung der Tiere. Bis dahin folgsame und freundliche Hunde werden mißtrauisch und widerspenstig. Sie verkriechen sich und verweigern die Futteraufnahme; auf der anderen Seite werden unverdauliche Gegenstände, wie z. B. Holz, Steine etc., benagt und verschluckt. Die Hunde besitzen einen unbezähmbaren Drang zu entweichen und irren planlos umher, wobei sie manchmal große Entfernungen zurücklegen. Von der Tollwut infizierte Hunde gehen auf alle Dinge aggressiv los, die ihnen in den Weg kommen. Nach drei bis vier Tagen tritt eine Schlucklähmung ein, gefolgt von einer Lähmung des Unterkiefers und der gesamten Nachhand. Die Hunde sterben – die Krankheit verläuft uneingeschränkt tödlich – zwischen dem fünften bis zehnten Tag nach Ausbruch der Krankheit.

Tollwut wird mit dem Speichel der infizierten Tiere – durch Bißwunden oder auch kleine Hautläsionen – nicht nur auf Tiere, sondern auch auf den Menschen übertragen. Da jede ausgebrochene Tollwuterkrankung sowohl beim Menschen als auch beim Tier tödlich verläuft, müssen sich Personen, die mit einem infizierten Tier in Berührung gekommen sind, sofort in ärztliche Behandlung begeben. Es besteht die Gefahr, daß infizierte Tiere bereits drei bis fünf Tage *vor* Krankheitsausbruch diese Infektion übertragen; äußerste Vorsicht ist geboten!

Staatliche Maßnahmen wurden ergriffen, um der Tollwut Einhalt zu gebieten: Sperrbezirke wurden eingeräumt (Hunde dürfen dort nicht frei herumlaufen, Maulkorb- und Leinenzwang); Schluckimpfungen für Füchse, die immer noch die Hauptüberträger der Tollwut sind, werden inzwischen vorgenommen. Nur eine durchgeführte, gültige Schutzimpfung kann Ihren Hund vor der Nottötung retten, wenn er von einem infizierten Tier gebissen wurde. Der Ausbruch von Tollwut oder der Seuchenverdacht muß unverzüglich bei der Gemeinde gemeldet werden.

*Infektiöse Leberentzündung des Hundes (Hepatitis contagiosa canis, H.c.c.)*

Diese Krankheit nimmt einen der Staupe ähnlichen Verlauf, unterscheidet sich jedoch durch ein fieberhaftes Zwischenstadium, das bei der Staupe fehlt. Eine Ansteckung erfolgt nur über den direkten Kontakt zu infizierten Tieren. Im akuten Verlauf treten Hornhauttrübungen, Schwellungen der Lymphknoten im Bereich des Unterkiefers und Mandelentzündungen auf. Hornhauttrübungen gelten bei einem chronischen Verlauf der Krankheit als eine typische Folgeerscheinung. Sterben Welpen, die älter als zwei Wochen sind, plötzlich innerhalb von 24 Stunden, so besteht immer Verdacht auf H.c.c.

*Leptospirose (Stuttgarter Hundeseuche)*

Die im Volksmund als »Stuttgarter Hundeseuche« bezeichnete Leptospirose tritt in zwei Formen auf. Die Krankheitserscheinung ohne Gelbsucht, durch den Erreger Leptospira canicola hervorgerufen, wird vom Hund übertragen. Beim Auftreten von Gelbsucht handelt es sich um den Erreger Leptospira icterohämorrhagiae, dessen Überträger hauptsächlich Ratten sind. Die Gelbsuchtform hat meist einen schwereren Krankheitsverlauf. Die Behandlung wird mit Antibiotika vorgenommen. Die verschiedenen Erreger führen also zu unterschiedlichen Krankheitsbildern und sind auch für andere Tiere und den Menschen krankheitserregend (Weilsche Krankheit des Menschen!). Nierenentzündungen, Lidbindehautentzündung, Muskelschmerzen im Rücken und leichte Hinterhandslähmungen sowie Durchfall und Herz-Kreislauf-Schwächen können als Symptome auftreten.

*Parvovirose*

Diese oft fälschlicherweise als »Katzenseuche« bezeichnete Krankheit tritt seit einiger Zeit beim Hund auf. Diese Infektionskrankheit ist mit Recht sehr gefürchtet. Ein kleines Virus (parvus, lat. = klein), ähnlich dem Masernvirus beim Menschen, verursacht Fieber und Brechdurchfall, infolgedessen der Körper rasch auszutrocknen droht (starke Mattigkeit ist die Folge). Befallen werden Tiere jeden Alters, wobei Welpen in besonderem Maße gefährdet sind.

Während die Krankheit bei Welpen zwischen der 2. und 12. Woche zu einer Herzmuskelentzündung führt (ein schneller Herztod kann die Folge sein), zeigt sie bei älteren Tieren die Symptome »Erbrechen« und »Durchfall«. Regelmäßige Impfungen haben bewirkt, daß diese Krankheit nur noch selten ausbricht.

### Salmonellose

Hervorgerufen durch die verschiedenen Erreger der Salmonella-Gattung. Tritt beim Hund nur sehr selten – meist als Begleiterscheinung – auf. Der Verlauf der Erkrankung ist uncharakteristisch, oft symptomlos. Am ehesten kann Durchfall, häufig mit Erbrechen, beobachtet werden. Des weiteren kann es zu Milz- und Leberschwellungen, Mandelentzündungen, Bronchitis, Gelbsucht und Herz- und Kreislaufschwächen kommen. Nur bakteriologische und serologische Untersuchungen können die Diagnose sichern. Antibiotika werden hierbei therapeutisch eingesetzt.

### Starrkrampf (Tetanus)

Der Starrkrampf wird durch den Erreger Clostridium tetani, das sind sporenbildende Bakterien, hervorgerufen. Sein Gift (Toxin) läßt nach einer Inkubationszeit – wenige Tage bis zu zwei Monaten – die Krankheitssymptome auftreten. Erste typische Erscheinung einer Infektion ist eine Stirnhautfältelung mit Engstellung der Ohren und nach rückwärts gezogener Mundwinkel. Später geht der Muskelkrampf in eine Steifheit der Rumpf- und Gliedmaßenmuskulatur über. Eine Sägebockstellung und Steifhaltung der Rute sind die Folge. Leichte Reize provozieren eine größere Reflexerregbarkeit und führen zu Krampfzuständen. Heilseren können eine Besserung bei rechtzeitiger Anwendung herbeiführen. Muskelerschlaffende Mittel sind in jedem Fall zu geben. Hunde infizieren sich jedoch sehr selten.

### Welpensterben (Herpes-Virus-Infektion)

Das Welpensterben ist eine Infektionskrankheit, gegen die es keine wirksame Impfprophylaxe gibt. Dennoch sollten Hündinnen bei Krankheitsverdacht in der letzten Trächtigkeitswoche paramunisiert, d. h. die Körperabwehr durch Medikamente (sog. Paramunitätsinducer) gestärkt werden. Einen besonders gefährdeten Wurf muß man 12 Stunden vor und 14 Stunden nach der Geburt behandeln. Wenn eine Hündin einmal eine Virusinfektion überstanden hat, ist sie und auch alle ihre Welpen gegen diese Krankheit immun. Besonders gefährdet sind Welpen in den ersten vier Lebenswochen. Symptome der Herpes-Virus-Infektion sind Saugunlust, Schreien der Welpen, gelblich-grüner Durchfall und Blutungen in den Schleimhäuten. Die klinischen Erscheinungen dauern oft nur ein bis zwei Tage an. Je jünger der Welpe ist, desto größer ist die Wahrscheinlichkeit, daß er an dieser Krankheit stirbt. Welpen, die älter als zwei Wochen sind, kümmern eine Zeitlang, bis sie sich anschließend von der Krankheit erholen.

### Zwingerhusten (Laryngotracheitis)

Die Erkrankung äußert sich in einem kurzen, trockenen Husten mit Brechreiz. Fieber tritt meist nicht auf. Besonders junge Hunde in Zwingern erkranken nach einer Inkubationszeit von vier bis zehn Tagen. Nur selten führt dieser »Kennel cough«, wie er im englischen Sprachgebrauch genannt wird, zum Tode. Dennoch ist es empfehlenswert, in

Zuchtzwingern vor dem Verkauf der Welpen eine zweimalige Grundimmunisierung mit einer Zwingerhusten-Kombinationsvakzine (Vakzine-Therapie: Abgetötete Erreger werden wiederholt in den erkrankten Organismus gespritzt, um die natürliche Immunkörperbildung anzuregen) vorzunehmen. Vor der kalten Jahreszeit sollte sie zusammen mit der SHL-Impfung vorgenommen werden. Jährliche Auffrischimpfungen sind erforderlich. Die Erkrankungen der Atemwege (respiratorische Erkrankungen), z. B. Nasenausfluß etc., werden mit Antibiotika und Hustenreiz stillenden Mitteln verhältnismäßig rasch behoben.

*Toxoplasmose*

Hierbei handelt es sich ebenfalls um eine Krankheit, die sowohl Tiere als auch Menschen gleichsam befallen kann. Eine besonders große Gefahr besteht für Feten werdender Mütter in der Schwangerschaft und für Kleinstkinder. Meistens kommt es jedoch zu einer symptomlosen Erkrankung (sog. stumme Infektion), von der keine Gefahr für den Menschen ausgeht. Häufig tritt die Toxoplasmose als Begleiterkrankung zu anderen Infektionskrankheiten (z. B. Staupe, Leptospirose) auf. Die Symptome der Krankheit sind vielseitig und reichen von Ermüdungserscheinungen über Lymphknotenschwellungen bis hin zu einer Gehirnhautentzündung. Ansteckungsquelle ist wahrscheinlich rohes Fleisch, rohe Eier u. ä., evtl. auch Katzenkot.

Die Krankheiten, die durch Viren und Bakterien hervorgerufen werden, haben glücklicherweise – durch die Einführung von Schutzimpfungen – ihre Gefährlichkeit verloren. Heute sind die Schutzimpfungen so ausgerichtet, daß man mit einer einzigen Injektion mehreren Infektionskrankheiten gleichzeitig vorbeugen kann. Wissenswertes über Impfungen und ihren Modus erfahren Sie im anschließenden Kapitel. An dieser Stelle sei nur noch einmal darauf hingewiesen, wie wichtig es ist, daß der Dackelbesitzer seinen Hund stets im Auge behält. Nur so können erste Krankheitsanzeichen rechtzeitig bemerkt und behandelt werden. Bei Erscheinungen wie z. B. Erbrechen, Durchfall, Augen- oder Nasenausfluß, Husten, Schweratmigkeit oder Juckreiz etc., die plötzlich auftreten, sollte man mit dem Gang zum Tierarzt nicht lange warten. Allzuoft wird kostbare Zeit verloren und die Behandlung dadurch nur unnötig erschwert. Eine Möglichkeit, Infektionskrankheiten rechtzeitig zu erkennen, ist durch das regelmäßige Messen der Körpertemperatur des Hundes gegeben, da Fieberschübe immer auf eine mögliche Infektion hindeuten.

# Impfungen als vorbeugende Maßnahmen

Schutzimpfungen erfolgen beim Welpen im Alter von acht bis neun Wochen. Bis zu diesem Zeitpunkt hat der Welpe noch den maternalen Schutz, d. h., er hat Antikörper in seinem Blut, die ihm vor

| | 6. Wo. | 8.–10. Wo. | ab 12. Wo. | Wiederholung |
|---|---|---|---|---|
| Parvovirose | (X) | X | X | jährlich |
| Staupe | – | X | X | alle 2 Jahre |
| Hepatitis c.c. | – | X | X | alle 2 Jahre |
| Leptospirose | – | X | X | jährlich |
| Tollwut | – | (X) | X | jährlich |

der Geburt und während der Säugephase von dem Muttertier mit auf den Weg gegeben wurden. Mit zunehmendem Alter läßt dieser Antikörperwert nach; er erlischt zwischen der zehnten und sechzehnten Lebenswoche. In dieser Zeit müssen die notwendigen Schutzimpfungen vorgenommen werden. Den genauen Zeitpunkt kann man der Impftabelle entnehmen.

Zunächst wird eine Grundimmunisierung gegen die Viruserkrankungen Staupe und Hepatitis vorgenommen. Gleichzeitig sollten die Schutzimpfungen gegen Leptospirose und Parvovirose erfolgen, da diese beiden Erkrankungen ebenfalls im Welpenalter auftreten können. Diese Impfungen sollten nach zwei bis vier Wochen wiederholt werden, damit ein sicherer Impfschutz erzielt wird.

Die Tollwutimpfung wird meistens dann durchgeführt, wenn der Zahnwechsel beim Hund beendet ist. Soll der Dackel jedoch zu einer jagdlichen Ausbildung gehen oder Sie eine Reise ins Ausland planen, so muß die Impfung früher erfolgen. Die meisten Länder verlangen bei der Einreise einen gültigen, d. h. mindestens vier Wochen alten Tollwutimpfschutz. Man muß beachten, daß viele Länder die amtstierärztliche Bestätigung dieser Impfung verlangen.

Schutzimpfungen muß jeder Dackel haben, bevor er tätowiert wird (s. a. S. 91 f.), denn der Impfpaß muß bei der Tätowierung vorgelegt werden. Die Nummer, die der Welpe in seinen Behang eintätowiert bekommt, wird im grünen Querstreifen auf der Vorderseite des Impfpasses vermerkt. Damit ist die Kontrolle möglich, ob der jeweils vorliegende Impfpaß auch zu dem betreffenden Dackel gehört.

Man bedenke: Jeder Impfschutz besteht nur dann ein Hundeleben lang, wenn regelmäßige Wiederholungen vorgenommen werden.

## Krankheiten der Haut

Wenn der Dackel unter Hautkrankheiten leidet, kann der Tierarzt anhand einer mikroskopischen Untersuchung von Hautgeschabsel sehr rasch erkennen, ob Milben (Hautparasiten) oder Mykosen (Pilze) die Ursache sind. Bei Pilzbefall behandelt man den Hund mit

*Abb. 13 In den Impfpaß werden nicht nur die regelmäßig durchgeführten Impfungen eingetragen, sondern auch die Tätowierungsnummer des Dackels, die ihm als Welpe in den Behang eintätowiert wurde. Dadurch ist die Identität eines Dackels gesichert.*

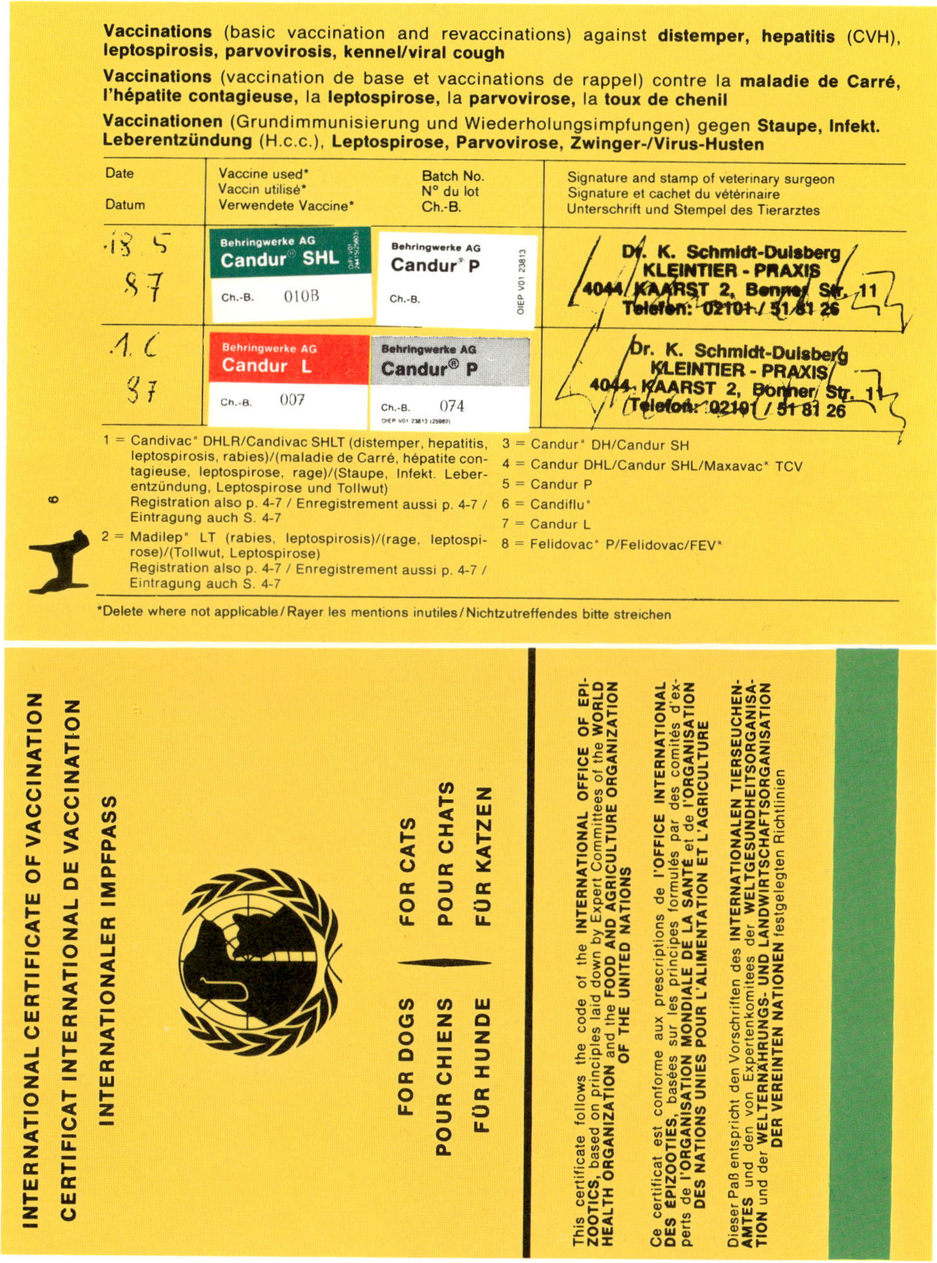

**Vaccinations** (basic vaccination and revaccinations) against **distemper, hepatitis** (CVH), **leptospirosis, parvovirosis, kennel/viral cough**

**Vaccinations** (vaccination de base et vaccinations de rappel) contre la **maladie de Carré, l'hépatite contagieuse,** la **leptospirose,** la **parvovirose,** la **toux de chenil**

**Vaccinationen** (Grundimmunisierung und Wiederholungsimpfungen) gegen **Staupe, Infekt. Leberentzündung** (H.c.c.), **Leptospirose, Parvovirose, Zwinger-/Virus-Husten**

| Date<br>Datum | Vaccine used*<br>Vaccin utilisé*<br>Verwendete Vaccine* | Batch No.<br>N° du lot<br>Ch.-B. | Signature and stamp of veterinary surgeon<br>Signature et cachet du vétérinaire<br>Unterschrift und Stempel des Tierarztes |
|---|---|---|---|
| 18 5<br>87 | Behringwerke AG Candur® SHL Ch.-B. 010B | Behringwerke AG Candur® P Ch.-B. OIEP V01 23813 | Dr. K. Schmidt-Duisberg KLEINTIER - PRAXIS 4044 KAARST 2, Bonner Str. 11 Telefon: 02101 / 51 81 26 |
| 1. 6<br>87 | Behringwerke AG Candur L Ch.-B. 007 | Behringwerke AG Candur® P Ch.-B. 074 OIEP V01 23813 (25982) | Dr. K. Schmidt-Duisberg KLEINTIER - PRAXIS 4044 KAARST 2, Bonner Str. 11 Telefon: 02101 / 51 81 26 |

1 = Candivac® DHLR/Candivac SHLT (distemper, hepatitis, leptospirosis, rabies)/(maladie de Carré, hépatite contagieuse, leptospirose, rage)/(Staupe, Infekt. Leberentzündung, Leptospirose und Tollwut)
Registration also p. 4-7 / Enregistrement aussi p. 4-7 / Eintragung auch S. 4-7

2 = Madilep® LT (rabies, leptospirosis)/(rage, leptospirose)/(Tollwut, Leptospirose)
Registration also p. 4-7 / Enregistrement aussi p. 4-7 / Eintragung auch S. 4-7

3 = Candur® DH/Candur SH
4 = Candur DHL/Candur SHL/Maxavac® TCV
5 = Candur P
6 = Candiflu®
7 = Candur L
8 = Felidovac® P/Felidovac/FEV®

*Delete where not applicable/Rayer les mentions inutiles/Nichtzutreffendes bitte streichen

9

**INTERNATIONAL CERTIFICATE OF VACCINATION**
**CERTIFICAT INTERNATIONAL DE VACCINATION**
**INTERNATIONALER IMPFPASS**

**FOR DOGS — FOR CATS**
**POUR CHIENS — POUR CHATS**
**FÜR HUNDE — FÜR KATZEN**

This certificate follows the code of the **INTERNATIONAL OFFICE OF EPIZOOTICS,** based on principles laid down by Expert Committees of the **WORLD HEALTH ORGANIZATION** and the **FOOD AND AGRICULTURE ORGANIZATION OF THE UNITED NATIONS**

Ce certificat est conforme aux prescriptions de l'**OFFICE INTERNATIONAL DES ÉPIZOOTIES,** basées sur les principes formulés par des comités d'experts de l'**ORGANISATION MONDIALE DE LA SANTÉ** et de l'**ORGANISATION DES NATIONS UNIES POUR L'ALIMENTATION ET L'AGRICULTURE**

Dieser Paß entspricht den Vorschriften des **INTERNATIONALEN TIERSEUCHENAMTES** und den von Expertenkomitees der **WELTGESUNDHEITSORGANISATION** und der **WELTERNÄHRUNGS- UND LANDWIRTSCHAFTSORGANISATION DER VEREINTEN NATIONEN** festgelegten Richtlinien

Fungiziden, das sind Substanzen, mit denen man die Pilzorganismen abtötet und zur Abheilung bringt. Weitere Kontrolluntersuchungen sind auch nach Abklingen der Pilzkrankheiten empfehlenswert.

## *Befall von Parasiten*

### *Ektoparasiten*

Zu den Ektoparasiten – Parasiten, die sich auf der Haut des Hundes befinden – zählen die verschiedenen Milbenarten.

*Abb. 14 Ektoparasiten:*
*a) Grasmilbe*
*b) Demodex- oder Haarbalgmilbe*
*c) Ohrmilbe*
*d) Zecke (vier Entwicklungsstufen)*

*Sarkoptes-Räude* (Sarcoptes canis) geht auf die schildkrötenartige Grasmilbe zurück, die sich in die äußeren Hautschichten des Hundes bohrt, um dort ihre Eier abzulegen. Starker Juckreiz und eine ständige Unruhe sind die ersten Anzeichen für einen Befall des Hundes von dieser Milbenart.

Eine Übertragung auf den Menschen ist möglich, jedoch nach einer kurzen Behandlung ist sowohl der Hund als auch der Mensch die Grasmilbe wieder los. Auch bei der *Demodikose* (Demodex canis) bohrt sich der Parasit in die Haut ein. Kurzhaarige Hunderassen – also auch der Dackel – werden besonders häufig befallen. Die Demodexmilbe treibt ihr »Unwesen« in den Haarbälgen. Es besteht kein bzw. nur ein geringer Juckreiz; kahle Stellen am Kopf und

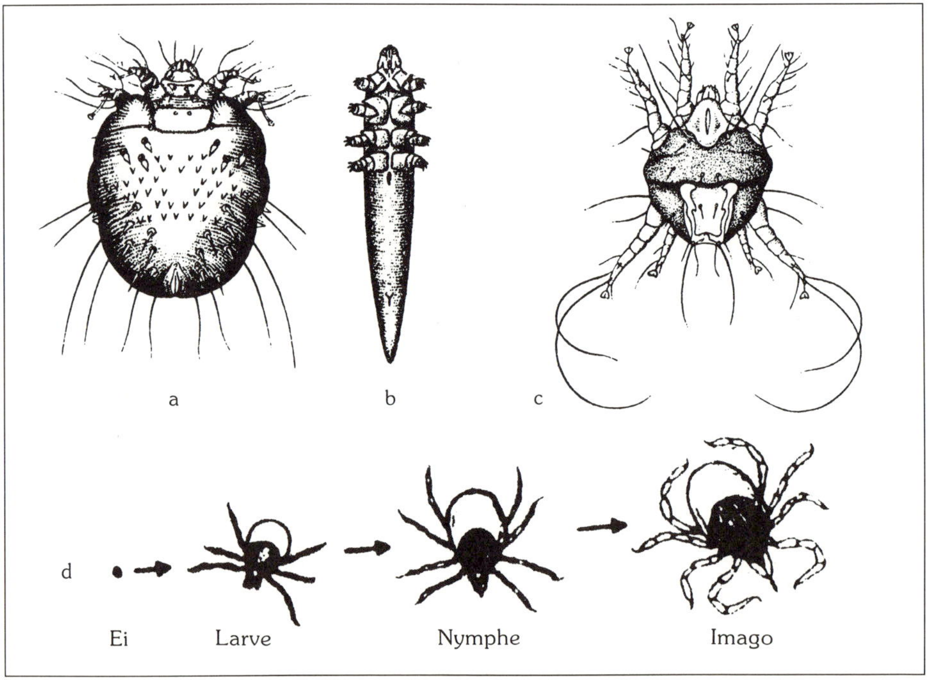

am Hals sind als erste Anzeichen für einen Befall des Hundes mit der Demodexmilbe anzusehen. *Ohrmilben* (Otodectes cynotis) sind die Erreger der Ohrräude. Sie sitzen im äußeren Gehörgang des Hundes und stecken dort in der Haut. Sie rufen einen starken Juckreiz und manchmal auch schmerzvolle Entzündungen hervor. Häufiges Ohrenschütteln und Ohrenkratzen sind die ersten Symptome. Es erkranken besonders Hunde, die zusammen mit anderen Hunden in Zwingern gehalten werden. Der *Holzbock* (Ixodes ricinus), bekannter unter der Bezeichnung *Zecke,* tritt im Sommer und im Herbst auf. Diese Parasiten saugen sich mit Blut voll, bis sie ein Mehrfaches ihrer ursprünglichen Größe erreicht haben. Zecken, die man im Hundefell erspüren kann, darf man unter keinen Umständen herausreißen, da dabei der Kopf der Zecke abgerissen werden könnte. Das in der Haut verbliebene Caput könnte einen neuen Rumpf bilden, eiternde Entzündungen wären die Folge. Richtiges Vorgehen: Die Zecke mit Öl beträufeln, dadurch werden deren Atemöffnungen verstopft. Nach ca. zehn Minuten kann die Zecke mit einer Pinzette durch eine leichte Drehbewegung entfernt werden.

Der Hund kann das ganze Jahr über von *Flöhen* (Ctenocephalides canis) befallen werden. Juckreiz, vor allem an den Ohren und am Hals sind die ersten Anzeichen für einen Flohbefall. Abhilfe schaffen Sprays, spezielle Puder und auch Anti-Floh-Bänder. Da der Floh einer der Überträger des Bandwurms ist, sollte bei einem Flohbefall des Hundes gleichzeitig eine Wurmkur durchgeführt werden. Hundeflöhe gehen auch auf den Menschen über, verlassen diesen aber nach kurzer Zeit wieder.

## Endoparasiten

Endoparasiten halten sich innerhalb des Organismus auf. Zu ihnen zählen die verschiedenen Wurmarten. *Spulwürmer* finden sich meist bei Welpen. Sie werden als Larven von der Hündin auf dem Blutweg übertragen und entwickeln sich im Darm der Welpen zu geschlechtsreifen Würmern. Auch der schnell wachsende *Bandwurm* vermag seinen Wirt, den Hund, außerordentlich zu quälen. Zur Bekämpfung von Endoparasiten stehen Mittel zur Verfügung,

*Abb. 15 Endoparasiten:*
*a) Spulwürmer (♀ weibl. u. ♂ männl.)*
*b) Bandwurmglieder (verschiedener Arten)*

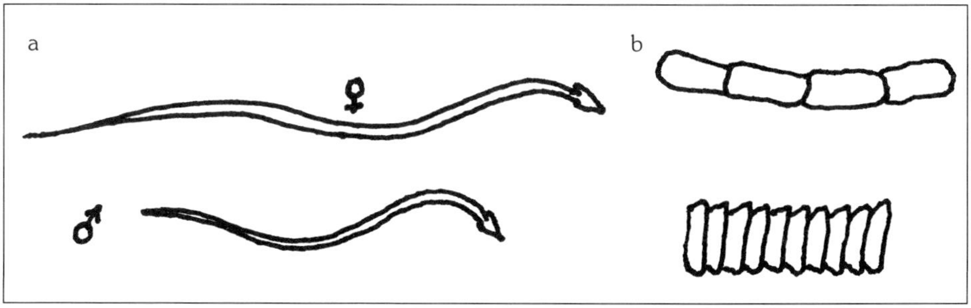

die alle Wurmarten gleichzeitig bekämpfen können. Besser ist es jedoch, aufgrund einer Kotuntersuchung eine exakte Diagnose zu erstellen und im Anschluß daran eine gezielte und differenzierte Behandlung gegen die einzelnen Wurmarten vorzunehmen.

Bei einer Wurmkur gehen Wurmknäuel von sechs bis zu acht Zentimeter langen Würmern ab. Es ist also kein Wunder, daß von Endoparasiten befallene Welpen nicht gedeihen, da die besten Nährstoffe dem Hund von den Parasiten entzogen werden. Prophylaktische Wurmkuren führt man alle halbe Jahre durch.

## Weitere Erkrankungen

Ein *eitriger Ausfluß* kommt häufig bei Rüden vor. Dieser tritt aus der Vorhaut aus und kann mittels wöchentlicher Spülungen – Wasserstoffsuperoxyd in einer Plastikspritze – schnell beseitigt werden.

*Erkältungen* äußern sich darin, daß der Hund Geräusche von sich gibt, die wie Husten klingen. Der Hund benimmt sich dabei so, als ob er einen Fremdkörper im Rachen habe. Die Ursache ist meistens eine Mandelentzündung, wobei beide Mandeln fühlbar geschwollen sind und bei leichtem Druck ein Schluckgefühl hervorrufen. Eine Erhöhung der Körpertemperatur kann, muß aber nicht mit einer Erkältung einhergehen. Die Normaltemperatur des Hundes liegt bei 39° Celsius. Eine leichte Steigerung ist unbedeutend, sollte aber beobachtet werden. Die Nahrungsaufnahme ist oft derart beeinträchtigt, daß man Vitamine und Spurenelemente zufüttern muß. Bei einer Schwellung der Nasenschleimhäute mit Ausfluß eines schleimigen, gelblichen Sekretes sind Kamillendampfbäder zum Inhalieren angebracht und hilfreich. Bei starker Kurzatmigkeit ist eine tierärztliche Untersuchung notwendig.

Eine *Lidbindehautentzündung* oder eine verstärkte *Ohrenschmalzproduktion* muß von einem Tierarzt behandelt werden. Da Augen und Ohren zu bestimmten Jahreszeiten besonders Fremdkörpern ausgesetzt sind, sollte man dem vorbeugen und den Dackel z. B. nicht aus dem Fenster eines fahrenden Fahrzeugs schauen lassen, denn häufig ist Zugluft die Ursache von Entzündungserscheinungen an Augen und Ohren.

Im Winter sind die *Pfoten* des Dackels besonderen Strapazen ausgesetzt, da die Gehwege mit Salz gestreut werden. Das Salz greift die Pfoten der Hunde an, läßt sie wund werden und ruft mitunter Verätzungen an den Ballen hervor. Zwei Möglichkeiten schaffen Abhilfe: vor dem Spaziergang die Pfoten des Dackels mit Vaseline oder einer speziellen Schutzsalbe einreiben oder die Hundepfötchen nachher gründlich mit Wasser abwaschen. Selbstverständlich ist es am besten, wenn man beides befolgt.

Bei Hündinnen tritt häufig eine *Scheinträchtigkeit* auf. Muttermilch läßt das Gesäuge anschwellen, und die Hündin sucht sich während dieser Zeit Gegenstände, die sie anstelle der nicht vorhandenen Welpen »bemuttert«. Behandlung: wenig Futter und weniger

Flüssigkeit als sonst üblich, tägliches Waschen des Gesäuges mit einer Lösung aus Wasser und Essig (hemmt die weitere Schwellung des Gesäuges und die Milchproduktion). Hormontabletten oder spezielle Injektionen, vom Tierarzt verabreicht, wirken jedoch schneller und zuverlässiger.

*Verdauungsstörungen* können verschiedene Ursachen haben und sich in mehr oder weniger starken Durchfällen mit und ohne Erbrechen äußern. Bei der Behandlung ist äußerste Vorsicht geboten, da man meistens die Ursache der Erkrankung nicht kennt und man bei Vergiftungen anders verfahren muß als bei harmlosen Ursachen, z. B. verdorbenem Futter. Ist keine Veränderung der Körpertemperatur festzustellen, kann man durch Einlegen eines Fastentages, an dem ausschließlich Tee (z. B. Kamillentee) statt Wasser gereicht wird, sehr schnell eine Besserung erzielen. Reichern Sie den Tee durch eine kleine Prise Salz an, dadurch wird die Flüssigkeit im Körper gebunden und dieser vor dem Austrocknen geschützt. Bei einer leichten Verdauungsstörung sorgt Haferschleim, mit etwas Rindfleisch gemischt, für baldige Besserung.

Eine große Gefahr für das Gebiß des Hundes stellt *Zahnstein* dar. Etwa zwei Drittel aller Dackelgebisse sind mit Zahnstein behaftet. Gewöhnlich werden zuerst die Fangzähne mit der braungelblichen Substanz, die sich aus Speichelsalzen bildet, befallen. Je früher der Zahnstein entfernt wird, desto größer ist die Chance, das Gebiß des Hundes bis in das hohe Alter vor Fäulnis und Zahnfleischentzündungen zu schützen. Um der Bildung von Zahnstein vorzubeugen, kann man mit Zahnreinigungsmitteln, die im Handel erhältlich sind, wöchentlich eine Behandlung selbst vornehmen.
Um es im Anschluß an das Kapitel »Krankheiten beim Dackel« noch einmal deutlich zu machen: In den meisten Krankheitsfällen ist die Konsultation eines Tierarztes unerläßlich!

Für den Tierarztbesuch hier noch einige praktische Tips:

- Melden Sie sich vor dem Tierarztbesuch an, denn nur dadurch vermeiden Sie lange Wartezeiten.
- Halten Sie Ihren Hund im Wartezimmer ruhig und lassen Sie ihn nicht mit anderen Hunden herumtoben, da alle Tiere im Wartezimmer unter einer gewissen Anspannung stehen und sich dort anders als sonst verhalten.
- Nehmen Sie zu jedem Tierarztbesuch den Impfpaß Ihres Hundes mit.
- Geben Sie dem Tierarzt einen möglichst lückenlosen Bericht, der alle Beobachtungen hinsichtlich eines veränderten Verhaltens des Hundes umfaßt:
  - Seit wann frißt der Hund nicht mehr?
  - Wann hat er sich zuletzt entleert?
  - Hat der Dackel verstärkten Haarausfall; kratzt er sich?
  - Und wenn ja, an welchen Stellen?
  - Läßt er sich anfassen und hochnehmen, oder verkriecht er sich in dunkle Ecken?

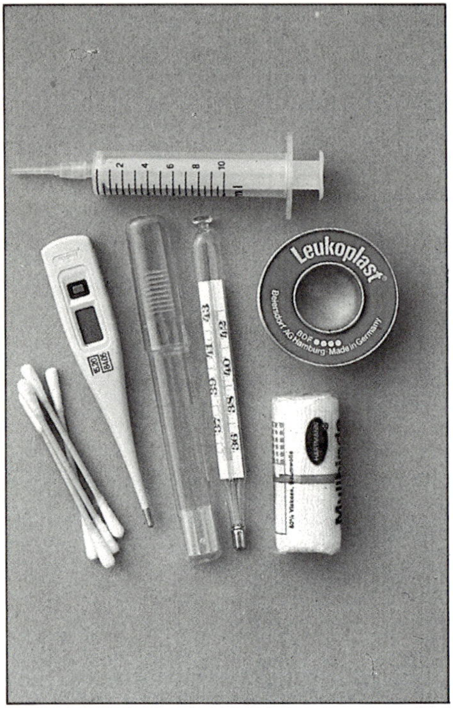


Ihre Antworten auf diese Fragen sind die Grundlage für eine sichere Diagnose. Nehmen Sie nach Möglichkeit eine Kot- bzw. eine Urinprobe mit zum Tierarzt, wenn auf eine innere Erkrankung zu schließen ist. Bleiben Sie selbst bei einem Tierarztbesuch ruhig, denn nur so wird es Ihnen gelingen, Ihren Hund auf dem Behandlungstisch stillzuhalten.

Was Sie jedoch für den Notfall selbst zu Hause bereithalten sollten, zeigt folgende Auflistung (und die Abbildung »Hausapotheke«): Fieberthermometer, Ohrenstäbchen, Plastikspritze, Mullbinden und Leukoplast. Für die Winterzeit sollte ein Töpfchen mit Vaseline zum Schutz der Ballen vor der Salzeinwirkung bereitstehen. Ein Fläschchen Desinfektionsspiritus und etwas Wasserstoffsuperoxid (dreiprozentig) gehört ebenso dazu wie Watte, die eine blutstillende Wirkung hat.

# *Wer ist der Schönste im ganzen Land? – Mit dem Dackel auf Ausstellungen*

Das konnte man auf einem Transparent lesen, das über den Eingang zu einer internationalen Rassehundeausstellung gespannt war. Doch wenn Sie meinen, daß Ihr Dackel ein ganz besonders schönes Exemplar seiner Rasse ist, und wenn ein Experte Ihnen dieses vielleicht auch noch bestätigt, dann sollten Sie sich überlegen, mit Ihrem Dackel auf eine Ausstellung zu gehen. Doch einen Ratschlag vorweg: Gehen Sie erst einmal als Zuschauer zu einer Ausstellung oder einer Zuchtschau, um dort den genauen Ablauf zu studieren. Beobachten Sie genau das Geschehen, und entschließen Sie sich erst dann, ob Sie sich und Ihren Dackel dem »Ausstellungsstreß« aussetzen wollen. Bevor man selbst als Aussteller aktiv wird, sollte man einige Überlegungen angestellt haben: Man muß für diesen Tag genügend *Zeit* einplanen. Eine mehr oder weniger weite Anfahrt erfordert einen rechtzeitigen Reisebeginn. Die Tore für die Hunde und ihre Besitzer werden um 7.30 Uhr geöffnet, um 9.00 Uhr müssen sich alle Aussteller mit ihren Hunden auf dem Ausstellungsgelände befinden. Die Katalogstelle und Ausstellungsleitung ist meist in der Nähe des Eingangs. Hier holt man sich die Registrierkarte, die im Ring beim Vorführen des Dackels für den Richter deutlich sichtbar getragen werden muß. Jeder Aussteller erhält einen Katalog, dessen Preis im Meldegeld enthalten ist. Überprüfen Sie sofort, ob Ihr Dackel in der richtigen Klasse eingetragen ist. Nicht selten passiert es, daß eine Einordnung verkehrt erfolgt ist, man den Fehler zu spät bemerkt und die Klasse, in der der Dackel eigentlich vorgestellt werden sollte, schon gerichtet ist. Der Dackel wird dann in seiner richtigen Klasse nachgerichtet, aber eine Plazierung erfolgt nicht mehr. Damit wird er um den vielleicht verdienten Preis und um seinen Siegertitel gebracht.

Bevor die Ausstellung geschlossen wird, darf kein Aussteller mit seinem Hund das Gelände verlassen. Diese Bestimmung wurde für den Besucher eingerichtet, der, nachdem er Eintrittsgeld bezahlt hat, alle Preisgekrönten – und natürlich auch deren Konkurrenten – bewundern und sich an deren Schönheit erfreuen möchte.

Doch eine Ausstellung kostet nicht nur Zeit, sondern auch *Geld.* Die Ausstellungsgebühren sind hoch, da dem Veranstalter erhebliche Kosten entstehen. Der Druck und Versand von Einladungen und Plakaten verschlingt große Summen. Des weiteren sind Versicherungen abzuschließen; für die Unterkunft der Richter muß gesorgt werden. Daraus wird ersichtlich – und alte »Ausstellungshasen« werden Ihnen das gerne bestätigen –, daß eine Ausstellung auch *Nerven* kostet. Vor allem dann, wenn man ehrgeizig nach der Bestätigung sucht, daß man den schönsten Hund hat. In diesem Fall wird sich Ihre Unruhe und Nervosität auch auf den Hund übertragen, was wiederum das Gesamtbild Ihres Dackels beeinträchtigt. Nehmen Sie deshalb das Ganze mit einer gewissen Gelassenheit, und bedenken Sie: *Risikobereitschaft* ist eine weitere, wichtige Voraussetzung für Aussteller. Verlieren ist nicht leicht! Freuen Sie sich mit dem Sieger; er wird eine spontane Gratulation seiner Mitstreiter nach Verkündigung des Richterurteils sehr zu schätzen wissen. Und vielleicht sind Sie ja auf der nächsten Ausstellung derjenige, dem solche Gratulationen gelten. Übrigens, Richterurteile können nicht angefochten werden, sie sind endgültig.

Für welche Klasse Ihr Dackel gemeldet werden kann, geht aus den Einladungen und Meldepapieren hervor. Auf CACIB-Ausstellungen (Certificat d'Aptitude au Championnat International de Beauté) gilt folgende Klasseneinteilung:

| | |
|---|---|
| Jüngstenklasse | (6–9 Monate) |
| Jugendklasse | (9–18 Monate) |
| Offene Klasse | (ab 15 Monate) |
| Gebrauchshundklasse | (ab 15 Monate) |
| Siegerklasse | (ab 15 Monate) |

Man kann also schon im frühesten Jugendalter mit dem Dackel auf Ausstellungen gehen. Die »Kleinen« aus der *Jüngstenklasse* werden lediglich hinsichtlich ihres Potentials beurteilt, die Bewertung lautet hier entweder »Vielversprechend« oder »Versprechend«.

Zwischen dem neunten und 18. Monat kann Ihr Dackel in der *Jugendklasse* ausgestellt werden. Hier werden dann erstmalig Formwertnoten vergeben. Die beste Plazierung wird – bis zum 15. Lebensmonat – mit der Note Sg (= Sehr gut, 1. Platz) bewertet. Die weiteren Beurteilungen unterteilen sich in g (= Gut), gen. (= Genügend), ungen. (= Ungenügend). Hunde, mit denen gezüchtet werden soll, müssen den Formwert »Sehr gut« erreicht haben.

Ab dem 15. Monat kann der Dackel dann in der *Offenen Klasse* starten. Die beste Formwertnote ist »Vorzüglich«, das Alter nach oben hin offen.

Ebenfalls ab dem 15. Monat kann der Dackel, der die Leistungsbedingungen erfüllt hat, in der *Gebrauchshundklasse* antreten. Dachshunde, die einen Siegertitel gewonnen haben – zum Beispiel »Internationaler Champion«, »Nationaler Champion«, »VDH-Champion«, »Deutscher Bundessieger«, »Europasieger«, »Weltsieger« –, dürfen in der *Siegerklasse* gemeldet werden. Das Mindestalter beträgt hierfür 15 Monate.

Aussteller, die eine Zuchtgruppe anmelden wollen, müssen beachten, daß mindestens drei Hunde gleicher Haarart und Größenvarietät aus ihrer Zucht gemeldet werden. Jeder der drei Teckel muß auch im Einzelwettbewerb gestartet sein und dort eine Einzelbeurteilung erhalten haben. Die beste Zuchtgruppe einer Rasse beteiligt sich am Zuchtgruppen-Gesamtwettbewerb, der von drei Richtern bewertet wird. Um den seltenen Titel »Internationaler Schönheitschampion« zu erhalten, müssen vier Anwartschaften auf diesen Titel unter drei verschiedenen Richtern vorliegen. Der Zeitraum dieser Bewertungen umfaßt mindestens ein Jahr und einen Tag. Eine Anwartschaft muß im Heimatland des Teckelbesitzers errungen worden sein.

Zu einer Teckelzuchtschau ist eine Anmeldung nicht erforderlich. Auf ihr wird lediglich der Formwert des Dakkels ermittelt und damit die Zuchttauglichkeit festgestellt. Ohne weitere Formalitäten, allerdings mit dem gültigen Impfausweis und der Ahnentafel ausgestattet, kann man an der Meldestelle vorsprechen und sich mit seinem Hund anmelden. In der Reihenfolge der eingegangenen Meldungen werden die Hunde im einzelnen aufgerufen, im Ring vorgeführt, bewertet und vom Richter öffentlich beschrieben. Die Bewertung wird auf der Ahnentafel eingetragen und vom Richter mit seiner Unterschrift bestätigt.

Doch nun genug von soviel Theorie und Titeln. Sie haben sich also entschlossen, mit Ihrem Dackel auf eine Ausstellung zu gehen, und jetzt ist es soweit: Ihr Dackel wird aufgerufen! Nun muß Ihr Hund in den Ring. Der amtierende Richter bekommt ihn zunächst auf einem Tisch vorgestellt. Er überzeugt sich, daß kein Gebißfehler vorliegt, ob die Augenfarbe richtig und keine abgesetzte Brust vorhanden ist. Danach untersucht er ausgiebig die Rute; es dürfen keine Verwachsungen der einzelnen Wirbel fühlbar sein, da, wie an

anderer Stelle erläutert, genetisch bedingte Rutenfehler zum Zuchtausschluß führen. Es empfiehlt sich, das Gebiß des Teckels in das allgemeine Schönheitspflegeprogramm vor der Ausstellung mit einzubeziehen und es beim Tierarzt reinigen zu lassen, um die Zähne vom eventuell vorhandenen Zahnstein zu befreien, denn mit Zahnstein belegte Zähne machen auf einen Richter keinen guten Eindruck.

Nach der Einzelbewertung erfolgt die Gegenüberstellung mit den anderen Teilnehmern einer Klasse. Dackel werden an der Leine vorgeführt, da Ketten und Brustgeschirre verpönt sind. Manche Aussteller haben Vorführleinen aus Plastik, die besonders schmal sind. Sie können allenfalls dazu dienen, die Halspartie des Dachshundes eleganter erscheinen zu lassen; einen besseren Kontakt zwischen Ihnen und Ihrem Dackel vermittelt das normale Lederhalsband und eine Lederleine.

Was bleibt mir als Autor im Anschluß an dieses Kapitel anderes übrig, als Ihnen und Ihrem Dackel für alle Ausstellungen viel Glück zu wünschen! Und noch etwas: Sollte es einmal nicht für die Plazierung auf den ersten Plätzen reichen, dann tragen Sie dies auf keinen Fall Ihrem Hund nach. Er ist und bleibt der liebenswerte und treue Dackel, so, wie Sie ihn bis dahin geliebt haben – mit und ohne Plazierung. Ein guter Charakter ist das Wichtigste und sollte immer Äußerlichkeiten vorgezogen werden.

# Die Dackelzucht

## Grundlegendes zur Zucht

Hundezucht ist – und sollte es auch immer bleiben – ein Hobby. Jeder, der sich in das »Abenteuer Zucht« stürzt, muß wissen, daß man niemals aus finanziellen Gründen eine Hundezucht betreibt. Die Zucht von Dackeln ist kein lukratives und Geld einbringendes Geschäft, und das sollte es auch niemals werden. Die Züchtung von Dackeln, die Aufzucht der Welpen bis zur Abgabe an die neuen, zukünftigen Besitzer, ist mit der Arbeit vieler Stunden verbunden. Nebenbei entstehen dabei auch einige Kosten, z. B. für die Deckgebühr, für Fütterung, Eintragungsgebühren und die Tierarzthonorare. Man muß schon Idealist sein, wenn man sich entschließt, für Dackelnachwuchs zu sorgen. Wer diesen Idealismus besitzt, der sollte aber einige Grundbegriffe kennen und beherzigen: Es ist nicht damit getan, daß man seiner Hündin den nächstbesten Rüden zuführt, um dann der Dinge zu harren, die da kommen. Ein Grundsatz in der Dackelzucht lautet: Gesunde Hündinnen müssen mit gesunden Rüden gepaart werden, um die wertvolle Rasse zu erhalten und, wenn möglich, noch zu verbessern. Daß man zur Einhaltung dieses Grundsatzes die Hundepartner sorgfältig auswählen muß, um das Zuchtziel zu erreichen, dürfte selbstverständlich sein. Die Verbände haben Richtlinien erlassen, die besagen, daß nur mit wesensfesten, gesunden Hunden, die den Mindestformwert »Sehr gut« auf einer Zuchtschau oder Ausstellung erhalten haben, gezüchtet werden darf. Des weiteren müssen die Zuchtlinien zueinander passen.

Es gibt drei Möglichkeiten, eine gezielte Hundezucht durchzuführen. Man spricht von einer *Fremdzucht,* wenn Rüde und Hündin nicht miteinander verwandt sind. In der Praxis ist es aber so, daß man kaum Dackel findet, die keine gemeinsamen Vorfahren haben. Eine weitere Möglichkeit bietet die Inzucht mit ihren beiden Varianten. Die *Linienzucht* (mäßige Inzucht) besagt, daß die Paarung von Halbgeschwistern und verwandten Hunden, z. B. von Vetter – Base, Onkel – Nichte, vorgenommen wird. Unter *Inzestzucht* (enger Inzucht) versteht man die Paarung von z. B. Vollgeschwistern, Vater – Tochter sowie Mutter – Sohn. Bei solchen Paarungen bestehen größere Chancen, gute Eigenschaften herauszuzüchten. Im gleichen Maße steigt aber auch die Gefahr, daß schlechte Eigenschaften – Fehler, die zu Zuchtausschluß führen – an die nachfolgende Generation weitervererbt werden. Inzucht sollte daher nur von erfahrenen Züchtern betrieben werden. Unerfahrenen sei empfohlen, sich bei versierten Züchtern vorher Rat zu holen. Es gilt auf jeden Fall der Grundsatz: Züchte nie mit Dackeln, die die gleichen Fehler aufweisen!

Da der Dachshund als Gebrauchshund jagdlichen Anforderungen gewachsen sein muß, sollte sein Körper diesem Verwendungszweck angepaßt sein; d. h., neben fester Gesundheit sollte die Gestalt muskulös und kräftig sein, wenn mit dem Tier gezüchtet wird. Auf keinen Fall dürfen ängstliche und somit wesensschwache Dackel der Zucht zugeführt werden (s. a. S. 33 ff.). Jeder Züchter sollte wissen, daß – nach den Zuchtrichtlinien des Verbandes für das Deutsche Hundewesen – die Ausbeutung einer Hündin nicht zulässig ist. Das bedeutet, daß einer Hündin jährlich nicht mehr als ein Wurf zugemutet werden darf. Es müßte jedem Züchter widerstreben, eine Hündin mehr Welpen aufziehen zu lassen, als ihre Kondition zuläßt. Eine Hündin sollte nach Vollendung des achten Lebensjahres nicht mehr belegt werden. Für Rüden besteht keine Altersbegrenzung.

Beide Hundebesitzer, die ihre Dackel paaren wollen, treten vor dem Deckakt miteinander in Kontakt. Die Zuchtrichtlinien des Verbandes gewähren beiden Seiten dabei ein großes Maß an Entscheidungsfreiheit. Der Besitzer des Rüden kann einen Deckakt ohne Begründung ablehnen. Aus diesem Grund sollten sich unerfahrene Züchter vor der Wahl des Deckrüden von einem Zuchtwart beraten lassen. Vereinbarungen über einen Deckakt können mündlich oder schriftlich erfolgen. Die geltenden Bestimmungen sind in den Zucht- und Eintragungsbestimmungen des Deutschen Teckelklubs beschrieben. Wichtig ist zu wissen, daß Welpen, deren Mutter in ein und derselben Hitze von mehreren Rüden gleichzeitig belegt wurde, nicht eingetragen werden. Das gleiche gilt für Welpen, die aus Kreuzungen verschiedener Haararten entstammen, und solche, deren Eltern keinen lückenlosen Abstammungsnachweis besitzen.

Züchter ist derjenige, in dessen Besitz die Hündin zum Zeitpunkt des Belegens ist. Es gibt jedoch Ausnahmen: Züchter ist auch der, der eine belegte Hündin und das künftige Zuchtrecht von dem Vorbesitzer käuflich erwirbt. Eine weitere Ausnahme stellt die Überlassung oder Vermietung einer noch nicht belegten Hündin zu Zuchtzwecken dar. Um späteren Streitigkeiten vorzubeugen, sollte auf jeden Fall immer eine schriftliche Vereinbarung getroffen werden.

Für alle Züchter besteht die Pflicht, einen Zwingernamen zu erwerben. Man beantragt ihn beim Stammbuchamt, indem man fünf Namen in der gewünschten Reihenfolge aufführt. Die Namen werden der Reihe nach überprüft, ob sie bereits vergeben sind; der erste, der noch nicht benutzt wurde, wird dann der Zwingername. Als Zwingernamen kommen Orts- oder Straßennamen, Namen von Bergen, Tälern und Flüssen in Frage. Die Auswahl ist also recht groß. Jeder Züchter kann jedoch nur einen Zwingernamen beantragen, es sei denn, er züchtet verschiedene Haararten. Der Zwingername ist gesetzlich geschützt. Jede unbefugte Benutzung kann eingeklagt werden. Der Züchter verpflichtet sich – mit der Zuerkennung des geschützten Namens –, alle von ihm gezüchteten Dackel unter diesem Namen in das Zuchtbuch eintragen zu lassen. Verstöße gegen diese Bestimmung können einen Vereinsausschluß nach sich ziehen. Der Zwingername und dessen Schutz gilt also nur für die Rasse, die unter ihm eingetragen ist. Der Name darf nur ausschließlich von einer Person für seine von ihm gezüchteten Hunde benutzt werden.

## *Der Deckakt*

Nun ist es soweit. Die vorbereitenden Maßnahmen sind getroffen, die Hündin muß nur noch läufig werden.

Gewöhnlich kommen Hündinnen zweimal im Jahr, meist im Abstand von sechs Monaten, in die Hitze. Das erste Anzeichen ist häufigeres Wasserlassen in kleineren Mengen und an verschiedenen Stellen. Das Geschlechtsteil der Hündin schwillt an. Die Rüden bekunden ihr Interesse bereits, bevor die Blutung einsetzt. Auf dem Höhepunkt der Blutung, etwa zwischen dem 10. und 12. Tag, ist die Paarungsbereitschaft der Hündin am größten. Doch nicht erst ab diesem Zeitpunkt, sondern schon vorher, sollte man seine Zuchthündin unter strenger Aufsicht halten, damit kein fremder Rüde den Deckakt vollzieht. Das Sicherste ist, der Hündin ein Höschen anzulegen, wenn die Möglichkeit besteht, daß sie in dieser Zeit mit anderen, dann ebenfalls paarungswilligen Rüden in Kontakt kommt. Geruchsbindende Mittel, auch die mit Chlorophyll, bieten keine hundertprozentige Sicherheit.

Der Besitzer des Deckrüden wird von der kommenden Läufigkeit der Hündin unterrichtet und die Höhe der Deckentschädigung vereinbart. Entweder wird ein Deckgeld gezahlt oder der Besitzer des Rüden darf sich aus dem Wurf einen Welpen, der mindestens sieben Wochen alt sein muß, aussuchen. Schriftliche Vereinbarungen sind hierbei sinnvoll. Der Decktag wird festgelegt. Es ist üblich, daß am Tag der Belegung die Hündin zum Rüden gebracht wird. Muß die Hündin beim Besitzer des Rüden länger verbleiben, z. B. weil der Zeitpunkt des Belegens bei der Ankunft der Hündin noch nicht günstig war, so ist dieser für die sichere Unterbringung und gute Pflege der Hündin zuständig. Außergewöhnliche Kosten (bei Krankheiten usw.) gehen zu Lasten des Besitzers der Hündin.

Der Deckakt erfolgt, wenn beide Dackel zum »Hängen« kommen. Das ist ein normaler Vorgang, der sich dadurch auszeichnet, daß – im Augenblick der Besamung – der Schwellkörper (Penis) des Rüden einen großen Umfang annimmt. Die Hündin umklammert mit ihrer Schnalle (kynologischer Ausdruck für Scheide) den ausgedehnten Schwellkörper. Es dauert zwischen zehn und 30 Minuten, bis die Hunde sich wieder voneinander lösen können, da erst nach Ablauf dieser Zeit die starke Blutansammlung in dem angeschwollenen Schwellkörper des Rüden wieder abgeflossen ist. Es muß jedoch nicht immer zum Hängen kommen. Manche Rüden führen ihren Penis bei der Besamung nicht tief genug ein, so daß sich der Schwellvorgang außerhalb der Scheide vollzieht. In solchen Fällen ist es ratsam, die Hündin einige Minuten an der Hinterhand hochzuheben, damit der Samen des Rüden in die Richtung des Muttermundes fließen kann. Viele Hundebesitzer glauben, einen zweiten Deckakt im Anschluß an den ersten vornehmen zu müssen. Die Wiederholung eines Deckaktes ist jedoch nur dann sinnvoll, wenn man sich nicht ganz sicher ist, ob dieser am richtigen Tag der Läufigkeit durchgeführt wurde.

Im Anschluß an den erfolgten Deckakt wird eine Deckbescheinigung an den Halter der Hündin ausgehändigt. Ferner übergibt der Deckrüdenbesitzer eine Fotokopie der Ahnentafel des Deckrüden (Vorder- und Rückseite) an den Besitzer der Hündin. Sie muß später bei der Eintragung des Wurfes vorgelegt werden.

## Trächtigkeit

Mit großem Stolz und noch größerer Aufmerksamkeit wird man seiner Hündin in dieser für sie so wichtigen Zeit begegnen. Die trächtige Hündin braucht viel Auslauf. Doch es gilt zu bedenken, daß die Wittrung für die Rüden noch ca. zehn Tage anhält. Aus diesem Grund sollte eine trächtige Hündin an der Leine ausgeführt und von fremden Hunden ferngehalten werden. Ein leichter Einsatz auf der Jagd kann erfolgen, jedoch sollten Überanstrengungen vermieden werden.

Die normale Tragezeit dauert 60 bis 63 Tage. Wenn die Hündin viele Früchte austrägt, kann es auch schon am 57. Tag zur Geburt kommen. Sichere Zeichen für eine Trächtigkeit gibt es in den ersten Wochen nicht. In der zweiten Hälfte der Schwangerschaft, etwa ab der fünften Woche, sollte die Futterration geteilt und in zwei Portionen verabreicht werden. Vermeiden Sie ab diesem Zeitpunkt, daß die Hündin Treppen läuft oder ausgiebig herumtollt, da das Leben der ungeborenen Jungen durch Stürze und Stöße gefährdet ist. Wie auch sonst üblich, muß frisches Trinkwasser jederzeit bereitstehen. Eintretende Appetitlosigkeit ist kein Grund zur Besorgnis; die Hündin wird wieder ausgiebig Nahrung zu sich nehmen, wenn sich die beanspruchten Organe beruhigt haben. Es wäre völlig verkehrt, die trächtige Hündin mit Naschwerk und übermäßig viel Futter zu verwöhnen. Übergewicht erschwert nicht nur die Tragezeit, sondern auch die Geburt. Spurenelemente und Vitamine sollten in ausgewogener Menge zugeführt werden.

Führen Sie in der Mitte der Tragezeit eine Wurmkur durch. Ihr Tierarzt nennt Ihnen den richtigen Zeitpunkt, an dem die Wurmkur unbedenklich durchgeführt werden kann. Eine Wurmkur zu diesem Zeitpunkt ist jedoch keine Garantie dafür, daß die Welpen wurmfrei auf die Welt kommen.

## Geburt

Der normale Wurftag liegt zwischen dem 60. und dem 63. Tag der Trächtigkeit. Wenn sich die Geburt verzögert – manche Dackelhündinnen werfen erst am 64. oder 65. Tag –, dann ist eine

Untersuchung durch den Tierarzt notwendig, um die Ursache dafür festzustellen. Wenn eine Wehenschwäche vorliegt oder durch die Querlage einer Frucht der Geburtsweg verbaut ist, könnte ein Kaiserschnitt erforderlich sein. Aber keine Angst – die Durchführung eines Kaiserschnittes gehört heutzutage zur tierärztlichen Routine. Hat eine Hündin ihre Jungen einmal mit einem Kaiserschnitt auf die Welt gebracht, so ist dies kein Hinderungsgrund, die Hündin wieder belegen zu lassen. Voraussetzung ist natürlich, daß die Gebärmutter erhalten bleibt und nicht wegen einer Entzündung oder ähnlichem entfernt werden mußte. Temperaturmessungen, die immer zur gleichen Uhrzeit und unter den gleichen Bedingungen stattfinden sollten, sind bei Normalgebärenden ebenso wichtig wie bei Hündinnen mit Geburtskomplikationen. Ein Temperaturanstieg über 39,3 °C erfordert eine eingehende Untersuchung und Behandlung. Ein Temperaturabfall zeigt an, daß die Geburt innerhalb der nächsten 24 Stunden stattfinden wird. Ein farb- und geruchloser Ausfluß tritt hervor, durch den der Geburtsweg eingeschleimt wird. Die Wehen setzen ein, nach dem Springen der Fruchtblase beginnt die eigentliche Geburt: Die Welpen kommen auf die Welt.

Nach Möglichkeit sollte die Hauptbezugsperson des Hundes während der Geburt zugegen sein. Ihre Nähe, unterstützt von bestärkenden, liebevollen Worten, wird der Hündin eine große Hilfe sein. Bohnenkaffee – leicht gesüßt und teelöffelweise verabreicht – regt die Hündin an und hält diese munter.

Das Abnabeln und Belecken der Welpen bis zur ersten Lautäußerung nimmt die Hündin meist selbst vor. Sollte das nicht der Fall sein, so muß der Helfer einsetzen und die abgenabelten Welpen mit einem sauberen, weichen Tuch so lange abrubbeln, bis die Welpen die ersten Laute von sich geben.

Die Geburt ist normal und problemlos verlaufen, alle Welpen sind gesund zur Welt gekommen. Mit großem Erstaunen wird man nun feststellen, wie schnell diese kleinen, noch blinden Wesen – beim Normalschlag sind es vier bis sechs Jungen, beim Kleinteckel zwischen zwei und vier Welpen – das Gesäuge der Mutter finden und mit den kleinen Beinchen unter Stoßbewegungen die Milch in die Zitzen pumpen, was auf der Abbildung deutlich zu erkennen ist. Der Saugvorgang setzt ein, und man könnte jetzt stundenlang zusehen, wie die kleinen Hundemäulchen schmatzend die Zitzen der Mutter umklammert halten. Aber die Hündin und die Welpen brauchen nun Ruhe. Doch bevor Sie Mutter und Kinder ihrem eigenen Glück überlassen, muß die Unterlage in der Wurfkiste erneuert und durch saubere, trockene Tücher ersetzt werden. Die Gelegenheit sollte man nutzen, die Hündin nach draußen zu tragen, damit sie ihr Geschäft verrichten und sich mit entleerter Blase und Darm wieder ihren Welpen widmen kann. Tragen Sie dafür Sorge, daß nicht dauernd Familienmitglieder oder gar Fremde nach dem Wurf schauen. Jede Unruhe kann bei der Hündin – durch den enormen Kalziumverlust bei der Geburt – zu einer Eklampsie führen. Eine Eklampsie äußert sich in anfänglichem Zittern,

stärker werdender Unruhe bis hin zu tetanischen Krämpfen. Eine sofortige Behandlung mit einer verstärkten Kalziumzufuhr ist unbedingt notwendig. Gleichzeitige Einnahme von Vitamin B und speziellen Entkrampfungsmitteln führt zu einer Aufhebung des Zustandes. Leider können Rezidive (Rückfälle) auftreten und unter Umständen das Absetzen der Welpen notwendig machen. Quark und Milch müssen, obwohl sie viel Kalk enthalten, wegen ihres hohen Phosphorgehaltes vorübergehend abgesetzt werden, um zu einem normalen Kalzium-Phosphor-Quotienten zu kommen.

Ist der Raum, in dem die Wurfkiste steht, nicht warm genug oder fehlt die Sonneneinstrahlung gänzlich, so schafft man am besten mit einer Infrarotlampe Abhilfe, die über der Wurfkiste befestigt wird. Der Abstand zwischen der Lampe und den Welpen sollte ca. 50 cm betragen.

Lassen Sie sich durch das intensive Belecken und regelrechte Stupsen der Welpen durch die Hündin nicht beirren. Diese Vorgänge dienen der Atmungsförderung und der Anregung des Darmes, damit das Darmpech (der erste Welpenkot) sofort ausgeschieden wird.

In den ersten Lebenstagen benötigen die Welpen noch nicht so viel Nahrung, wie vielleicht Milch in den Zitzen vorhanden ist. Beobachten Sie aus diesem Grund das Gesäuge der Hündin, damit Sie eventuell eintretende Verhärtungen rechtzeitig bemerken. Sollte dies der Fall sein, muß das Gesäuge vorsichtig ausgedrückt werden, um Entzündungen zu verhindern. Später, wenn die Welpen etwas größer sind, regelt sich der Milchfluß durch stärkeres Absaugen von selbst.

In den ersten Tagen nimmt die Hundemutter die Reinigung der Welpen vor. Dazu gehört auch, daß sie die Ausscheidungen ihrer Jungen aufnimmt und sich selbst so lange gründlichst reinigt, bis der blutige Ausfluß zurückgegangen ist.

Bis zum neunten Tag sind die Welpen blind und taub. Augenlider und Ohren öffnen sich allmählich; erst im Alter von drei Wochen können die Welpen richtig sehen. Bis dahin sind sie mehr oder weniger lichtempfindlich und sollen daher in einem dunklen Raum gehalten werden. Sobald die Welpen richtig sehen und ihre Umwelt wahrnehmen können, setzt auch schon die Neugierde ein. Auf wackeligen Beinchen erkunden sie ihr Umfeld. Weitere zwei Wochen später wird ihnen die Wurfkiste auch schon zu klein. Sie setzen ihren Kot und ihren Urin nun außerhalb der Kiste ab, da auch die Reinigung durch die Hündin zu diesem Zeitpunkt nachläßt.

Mit vier Wochen sollen die Krallen der Welpen gestutzt werden, damit das Gesäuge der Hündin nicht durch Kratzer verletzt wird. In zunehmendem Maße setzt sich die Hündin von den Welpen ab. Nun ist die Zeit der ein- bis zweimal täglichen Zufütterung gekommen. Zunächst sollten breiartige Zusätze aus Haferflocken und Trockenmilch gefüttert werden, denen man später noch etwas Fleischbrühe und Rindergehacktes zufügen kann. Weizenkleie, gedünstete Möhren, Spinat oder Bananen – alles ganz klein zerhackt – sind Leckerbissen für die hungrigen Welpen, die man bedenkenlos verfüttern kann. Wenn Ihnen beim täglichen Wiegen der Welpen, das jeder Züchter vornehmen sollte, auffällt, daß die Welpen nicht ständig zunehmen, dann empfiehlt es sich, etwas Kot der Welpen zum Tierarzt zu bringen. Der kann dann feststellen, ob Würmer – meistens handelt es sich um Spulwürmer – vorhanden sind, die man mit einem Wurmkurmittel entsprechend bekämpfen kann.

Viermal täglich benötigt so ein junger Hund Futter, wenn er in die sechste Lebenswoche tritt. Hat der Welpe sich an seinen Futternapf und die darin dargebotene, abwechslungsreiche Nahrung gewöhnt, benötigt er keine Muttermilch mehr. Allerdings wird sich die Dackelmutter immer noch kurzfristig zum Absaugen zur Verfügung stellen. Doch die Zähnchen ihrer Kinder werden ihr jetzt lästig, und deren Zwicken führt schließlich zur Flucht vor den lieben Kleinen.

Die Zeit vergeht schnell, und schon sind die Welpen acht Wochen alt. Die entwurmten Dackelkinder werden geimpft. Der schon nach der Geburt bestellte Zuchtwart nimmt die Tätowierung vor und unterschreibt den vom Züchter ausgefüllten Wurfeintragungsantrag. Die Welpen müssen nun auch einen Namen bekommen. Eine Vorschrift besagt, daß die Namen der Welpen aus dem ersten Wurf in einem Zwinger mit dem Buchstaben A beginnen müssen. Nachdem der Antrag auf Eintragung erstellt wurde, wird er von dem Zuchtwart an das Stammbuchamt gesendet. Dort werden die Ahnentafeln ausgefertigt und nach Bezahlung der Gebühren dem Züchter zugesandt.

# Die Abgabe der Welpen

Inzwischen haben sich schon die ersten Interessenten für die Welpen gemeldet. Die Adresse des Züchters wird von der Welpenvermittlungsstelle, die im Branchenteil des Telefonbuches unter der Rubrik „Hundezucht“ zu finden ist, den an den Dackelwelpen interessierten Menschen genannt. Natürlich kann man als Züchter auch eine Anzeige in der Tageszeitung oder auch in dem Mitteilungsblatt des Teckelklubs aufgeben. Sehr oft befinden sich jedoch die künftigen Besitzer Ihrer Dackelwelpen in Ihrem Freundes- und Bekanntenkreis. Die Welpen finden also ein neues Zuhause. Schmerzlich ist der Abschied für den Züchter bei jedem Welpen, der ihn verläßt. Wenn man sich aber davon überzeugt hat, daß der Welpe ein gutes, schönes Zuhause und einen neuen, lieben Besitzer gefunden hat, bei dem er sich zu einer Dackelpersönlichkeit entwickeln kann, dann kommt man über den Abschiedsschmerz schneller hinweg. Geben Sie dem neuen Besitzer einige Verhaltensregeln mit auf den Weg. Zeigen Sie ihm, daß man einen Welpen nicht so hochhebt, daß ihm dabei die Vorderläufe vom Rumpf abgespreizt werden. Eine spätere Fehlstellung der Schulter zu den Oberarmen könnte die Folge sein. Nach Möglichkeit sollte der Welpe keine Treppen laufen, da auch das zu einer Beeinträchtigung der Vorder- und Hinterhand führen könnte. Das Körbchen des jungen Hundes darf nicht zu klein sein, damit der Rücken nicht

*Abb. 16 Vorsicht beim Hochheben der Welpen! Der schnelle Griff in den Nacken könnte spätere Fehlstellungen der Gliedmaßen zur Folge haben. Mit beiden Händen, die Vorderläufe des Hundes stützend, hebt man einen Dackelwelpen hoch. (Foto: Thiel)*

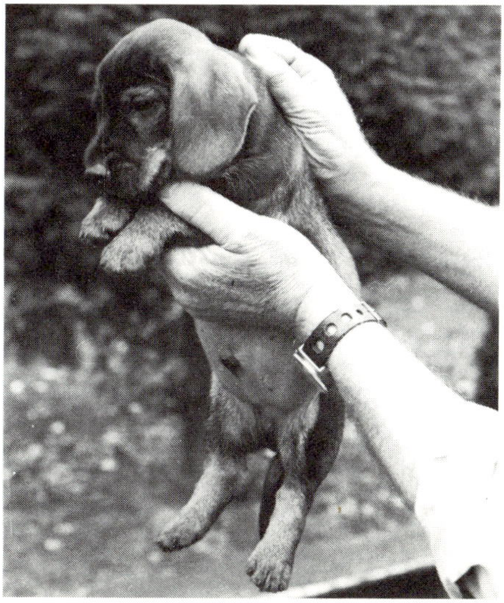

ständig rund gehalten und die Entwicklung der Rückenlinie negativ beeinflußt wird. Viele Züchter geben dem Käufer eine Futterration für einige Tage mit auf den Weg. Damit wird erreicht, daß die Umstellung auf ein neues, unbekanntes Milieu nicht zusätzlich durch eine Futterumstellung belastet und erschwert wird. Der neue Besitzer sollte ferner darüber informiert werden, daß im Alter von zehn bis zwölf Wochen erneut eine Impfung durchgeführt werden muß, damit die Grundimmunisierung erreicht wird. Ob vor der Impfung eine Wurmkur durchzuführen ist, entscheidet der Tierarzt nach einer Kotuntersuchung. Wichtig ist die weiterhin konstante Zufütterung von Vitaminen und Spurenelementen. Ein vom Züchter selbst angefertigter Plan, der die wichtigsten Punkte wie z. B. Fütterung, Pflege, Ausbildungsmöglichkeiten sowie Erziehung umfaßt, wird für den neuen, vielleicht noch unerfahrenen Dackelbesitzer bestimmt eine große Hilfe sein.

# *Und wenn der Dackel alt wird …*

Der Alterungsprozeß bei einem Hund setzt etwa ab dem achten Lebensjahr ein. Spätestens von diesem Zeitpunkt an sollte mit einer gezielten Altersvorsorge begonnen werden, um dem Dackel ein beschwerdefreies Alter zu ermöglichen. Es ist leider nicht zu ändern, daß unser Dackel einmal alt wird, doch lassen sich die altersbedingten – physischen und psychischen – Veränderungen mildern und verzögern, wenn man folgendes beachtet: Achten Sie immer – in allen Lebensphasen des Hundes – darauf, daß dieser fit und gesund bleibt, da bereits in den frühen Wachstumsphasen die Basis für ein gesundes Alter gelegt wird. Das ständige Füttern von Vitaminen, Spurenelementen und

Aminosäuren unterstützt den Aufbau des Körpers und verhindert Mangelerkrankungen. Im Reifestadium kann man durch eine sinnvolle Fütterung und Zufütterung von Stoffen, die dem Organismus natürliche Reserven geben, die Leistungsfähigkeit erhalten. Durch regelmäßige Wiederholung der Schutzimpfungen helfen Sie, die gefährlichen Infektionskrankheiten (s. a. S. 65 ff.) und deren Folgen zu verhindern.

Im Alter verändert sich die Körpergröße und das Gewicht des Dackels. Die Funktionen der Organe lassen nach. Die Folgen dieses Alterungsprozesses können u. a. ein Ergrauen des Haarkleides, Gelenkschmerzen, Atemnot, Paradontose, Abmagerung, Muskelschwund, Linsentrübung, ein übler Geruch aus dem Fang und Blutarmut sein. Die Knochen werden spröde, Knorpel und Gefäßwände verkalken, die Zähne fallen aus. Ab und zu kommt es zu einem Malheur, weil der Schließmuskel in seiner Funktion beeinträchtigt ist. Und auch jetzt – wie in ganz jungen Jahren – braucht der Dackel verstärkt Ihre Zuneigung und Zuwendung.

Von großer Bedeutung ist nun eine altersgerechte Fütterung. Da im Alter eines Hundes häufiger Erkrankungen an Leber und Nieren auftreten, sind diätetische Maßnahmen notwendig. Besteht bei dem Dackel eine Fettsucht, so sollte man versuchen, diese durch Fastenkuren bei gleichzeitig erhöhter Gabe von Spurenelementen, Vitaminen und Aminosäuren in den Griff zu bekommen. Gewichtsreduktionen durch Fasten unter drei Tagen sind nicht zu empfehlen, da ein Erfolg sich erst nach diesem Zeitraum einstellt. Es gibt

Experten, die einen Fastentag in der Woche für jeden ausgewachsenen Hund empfehlen. Dagegen gibt es nichts einzuwenden. Viele Hunde legen instinktiv einen Fastentag ein, und es wäre sicher verkehrt, sie durch Darreichung besonders schmackhafter Dinge zum Fressen zu verleiten.

Der alternde Dackel bedarf einer besonders sorgfältigen Pflege, zu der sowohl das regelmäßige Bürsten des Fells, die Pflege der Augen und Ohren, des Afters und der Geschlechtsregionen als auch das Befreien der Zähne von Zahnstein gehören. Das Lager des Dackels sollte in gewissen Zeitabschnitten gereinigt und desinfiziert werden.

Alte Hunde haben ein größeres Ruhebedürfnis. Dennoch ist eine dem Alter und der körperlichen Verfassung angepaßte, regelmäßige Bewegung an der frischen Luft ganz wichtig, auch wenn der Hund sich gelegentlich mit einem gewissen Unwillen dagegen sträubt, »Gassi« zu gehen.

Auf der anderen Seite gibt es Dackel, die auch im hohen Alter noch Erstaunliches als Jagdhund leisten. Im Naturbau oder auf der Schweißfährte haben sie ihre Nase weit vorne, ihre Jagdpassion mobilisiert alle zur Verfügung stehenden Kräfte. Gerade jetzt ist ein besonderes Lob für den tapferen kleinen Kerl angebracht. Doch nach so einem jagdlichen Einsatz sollte wieder eine Periode der Schonung folgen. Der ältere Dackel muß öfter die Möglichkeit haben, sich auszuruhen. In seinem Körbchen liegend, wird er im Traum verhaltene Bellgeräusche von sich geben, denn er ist eben immer noch ein Jagdhund, und die Spur des Wildes fasziniert ihn im Alter ebensosehr wie in seinen jungen Jahren.

Sicher ist auch Ihnen noch die alte Regel bekannt, die besagt: »Ein Hundejahr sind sieben Menschenjahre.« Diese alte Regel mußte neuen wissenschaftlichen Erkenntnissen weichen. In der nachstehenden Tabelle stehen sich Hunde- und Menschenjahre gegenüber:

| *Hunde* | *Menschen* |
|---|---|
| 3 Monate | 3 Jahre |
| 6 Monate | 10 Jahre |
| 1 Jahr | 20 Jahre |
| 2 Jahre | 24 Jahre |
| 3 Jahre | 28 Jahre |
| 4 Jahre | 32 Jahre |
| 5 Jahre | 36 Jahre |
| 6 Jahre | 40 Jahre |
| 7 Jahre | 44 Jahre |
| 8 Jahre | 48 Jahre |
| 9 Jahre | 52 Jahre |
| 10 Jahre | 56 Jahre |
| 11 Jahre | 60 Jahre |
| 12 Jahre | 65 Jahre |
| 13 Jahre | 70 Jahre |
| 14 Jahre | 75 Jahre |
| 15 Jahre | 78 Jahre |
| 16 Jahre | 82 Jahre |
| 17 Jahre | 86 Jahre |
| 18 Jahre | 90 Jahre |
| 19 Jahre | 94 Jahre |

# Der letzte Lebenstag

Jedes Leben endet einmal. Und nicht immer kann man darauf warten, daß man seinen Hund morgens tot in seinem Körbchen auffindet. Wenn die Last des Alters qualvoll geworden ist und es gar nicht mehr weitergeht, dann sollte man dem geliebten Vierbeiner seine Treue während seines Hundelebens damit danken, daß man den alten Freund auf seinem letzten Weg zum Tierarzt begleitet. Das Einschläfern ist wohl der größte – und zugleich schwerste – Liebesdienst, den man seinem Hund erweisen kann. Sie brauchen sich dabei nicht zu sorgen: Die Spritze, die den Hund von seinen Qualen erlöst, ist so sanft und schmerzlos, daß er überhaupt nichts davon merkt.

*Abb. 17*
*Ein Dackel soll es sein! (Zeichnung: Conrad)*

So ein Abschied von einem vierbeinigen Freund ist sehr schmerzhaft. Um das nicht noch einmal erleben zu müssen, entschließen sich viele ehemalige Hundebesitzer dazu, sich keinen Hund mehr anzuschaffen. Doch man sollte sich auch an die vielen gemeinsamen, schönen und lustigen Stunden erinnern, die einem der Dackel durch seine Drolligkeit und Clownerien beschert hat, und wenn Sie sich aufgrund dessen doch wieder zu einer Anschaffung eines Hundes entschließen, dann gibt es bei der Wahl des Hundes wohl keine Probleme:

Ein Dackel soll es sein!

# Die Registrierung von Hunden

Hunde, wie auch Katzen, verschwinden manchmal spurlos. Nicht immer ist der Besitzer eines Hundes ausfindig zu machen, wenn der entlaufene Hund wieder aufgefunden wird. Leider passiert es sehr oft, daß entlaufene Hunde in Verkehrsunfälle verwickelt sind und angefahren am Straßenrand aufgefunden werden, oder die streunenden Hunde fallen Hundefängern in die Hände. Jährlich müssen zahlreiche hilflose Tiere bei Tierversuchen unbeschreibliche Qualen erleiden. Oftmals werden diese Tiere ihren Besitzern gestohlen und zu Versuchsstationen gebracht, wo sie ein grausames Ende finden.

Obwohl Dackel meist eine Tätowierung im Behang haben, aus der die Region, aus der er stammt, und sein Züchter hervorgehen, ist der Besitzer des Hundes nicht immer zu ermitteln. Damit der Hundebesitzer, der seinen Hund vermißt, etwas über das Schicksal seines Tieres erfährt, kann man die Tätowierungsnummer des Hundes in das Zentralregister für die Bundesrepublik Deutschland e.V. eintragen lassen.

Tätowierte und registrierte Hunde dürfen von den Versuchsanstalten nicht angenommen werden, solange der Besitzer des Hundes nicht sein Einverständnis dazu gegeben hat. Tauchen in Versuchsstationen registrierte Tiere auf, müssen sie dem Besitzer sofort zurückgegeben werden. Andernfalls machen sich die Verantwortlichen in solchen Institutionen strafbar. Das Haustier-Zentralregister arbeitet mit deutschen und ausländischen Tierschutzorganisationen zusammen. Jeder dort registrierte Dackel erhält, wie alle anderen Tiere auch, eine Identitätsmarke. Der Besitzer des Hundes bekommt einen Tierausweis mit der auf der Marke eingetragenen Nummer ausgehändigt. Anhand dieser Nummer ist der Besitzer in einem Notfall über einen Zentralcomputer schnell ermittelt und verständigt. Die Registrierung erfolgt kostenlos, aber zur Deckung seiner Unkosten ist der Verein auf Spenden angewiesen. Die Anschrift finden Sie im Anhang unter der Rubrik »Nützliche Adressen«.

*Abb. 18 Die Tätowierungsnummer (hier 432 Z01) ist der »Personalausweis« des Dackels. Sie enthält folgende Angaben:*
*Name des Züchters (hier: 432)*
*Gruppenzugehörigkeit (Z)*
*Nummer des Teckels (01)*
*(Zeichnung: Conrad)*

# Literaturverzeichnis


*Literaturangaben*

ILGNER, EMIL: Der Dachshund, Neudamm 1896

JESTER, F. E.: Die kleine Jagd, Leipzig 1884

DAAKE, VON, WILHELM: Berichte in Jagdzeitschriften

STERN, HORST: Bemerkungen über Hunde, Reinsbeck, 1974

ZIPPERLEN, WILHELM: Der illustrierte Hausthierarzt, Ulm 1878

*Weiterführende Literatur*

BECKMANN, LUDWIG: Geschichte und Beschreibung der Rassen des Hundes, Mürlenbach 1983

ENGELMANN, FRITZ; BANDEL, ROBERT: Der Dachshund, Melsungen 1981

KAMPHAUSEN, ERNST: Der Dackel, Stuttgart 1986

KLOTZ, R.: Vom rauhhaarigen Dachshund, Teckelwelt Nr. 5, 1929

KOBER, ULRICH: Die Teckellähme, in: Der Dachshund 1976

SCHNEIDER, KURT: Der deutsche Teckel, München 1983

SCHNEIDER-LEYER: Mein Freund der Dachshund, Stuttgart 1977

TRUMLER, EBERHARD: Ratgeber für den Hundefreund, München 1981


# Nützliche Adressen

Für die Bundesrepublik Deutschland:

Verband für das Deutsche Hundewesen e.V. (VDH)
Hoher Wall 20
4600 Dortmund 1
Tel. (02 31) 168 03-5

Deutscher Teckelklub e.V., gegr. 1888
Prinzenstraße 38
4100 Duisburg 1
Tel. (02 03) 33 00 05

Für Österreich:

Österreichischer Kynologenverband (ÖKV)
Johann-Teufel-Gasse 8
A-1238 Wien

Für die Schweiz:

Schweizerische Kynologische Gesellschaft (SKG)
Längasstraße 8
CH-3012 Bern

*Landesverbände*

Arge Berlin
Hüsung 21
1000 Berlin 47

Arge Bayerischer Dachshundklub
1893 e.V.
Ballaufstraße 2
8000 München 83

Arge Niedersachsen
Allerweg 20
3101 Wienhausen/Nordburg

Arge Dachshund-Club Nordbayern
1901 e.V.
Felixstraße 4
8500 Nürnberg 70

Arge Rheinland-Pfalz/Saarland
Bruchwiesenstraße 26
6602 Dudweiler

Arge Westfalen-Lippe
Middelfeld 26
4400 Münster

Arge Baden
Fürstenbergstraße 15
7710 Donaueschingen

Arge Hessen
Offenbacher Landstraße 11
6452 Hainburg

Arge Nord
Am Runenstein 7
2381 Busdorf

Arge Rheinland
Gewerbeschulstraße 97
5600 Wuppertal 2

Arge Weser-Ems
Hubertusring 45
4512 Wallenhorst 1

Arge Dachshundklub Württemberg
und Hohenzollern 1895 e.V.
Moltkestraße 51
7120 Bietigheim

TASSO – Haustier-Zentralregister
für die Bundesrepublik Deutschland
e.V.
Postfach 1423
6234 Hattersheim 1
Tel. (06190) 4088

# Sachregister